序 言

农民专业合作社法实施以来，农民合作社快速发展，截至2015年年底，全国依法登记注册的农民合作社达153.1万家，平均每个行政村接近3家合作社，覆盖了全国38％的农户。农民合作社涉及产业广泛、服务功能丰富，在带动农户进入市场、发展农村集体经济、创新农村社会管理等方面发挥了积极有效的作用。但总体上合作社规模小实力弱，运行质量不高的问题还比较突出。

近年来，农业部把规范化建设贯穿指导合作社发展的整个过程，作了系统安排部署。全国联席会议九部门联合下发了规范发展的意见，实施了示范社创建行动，开展了合作社带头人培养和辅导员队伍建设，有力推进了农民合作社规范发展。实践中，一些地方尊重基层和农民群众的首创精神，立足不同产业不同领域，在合作社组织形式、产业业态、运行机制、支持方式等方面进行了生动丰富、形式多样的探索实践。

为系统总结农民合作社规范运行、创新发展的经验做法，本书编写组成员深入全国17个省（区、市）、53家农民合作社进行实地调研，最终遴选12家农民合作社、1个农民合作社指导服务机构，历史一年多编写了《农民合作社典型案例评析》。

通过一个个鲜活的案例，本书为农民群众勾勒出合作社规范发展的轮廓。希望广大农民合作社带头人和辅导员认真学习、汲取经验、开阔视野、增强活力、提升水平，共同推进我国农民合作社健康持续发展。

本书编写组

2015年11月24日

农民合作社
典型案例评析

农业部管理干部学院
中国农村合作经济管理学会 编著

中国农业出版社

目 录

制度创新激发合作活力

——以黑龙江省克山县仁发现代农业农机专业合作社为例①

黑龙江省齐齐哈尔市克山县是全国产粮大县、国家重点商品粮基地县、大豆基地县和马铃薯基地县，全县耕地面积近 300 万亩*，人均耕地面积达 6 亩，土地资源丰富，素有"北国优质粮仓"和"黑土地上的明珠"之称。仁发现代农业农机专业合作社就位于克山县，近几年合作社通过制度创新，不断增强发展活力、经济实力和带动能力，在提高农业组织化程度、促进农民增收等方面发挥了积极作用。

一、背景

为提高农业的劳动生产率、改变一家一户"单打独斗"的小农机分散耕作模式、鼓励农户采取现代化的大机械规模经营，黑龙江省出台支持发展农机合作社的意见，加大财政扶持力度，支持发展千万元级农机合作社。规定凡是注册资金能够达到 1 000 万元以上的农机合作社，政府补贴 60％的农机具购置费用。贷款由省龙财公司为平台，省里负责偿还贷款额 70％的本息，合作社负责偿还 30％的本息。

2009 年 10 月，克山县河南乡仁发村村支书李凤玉，在参加乡政府会议时，得知支持发展千万元级农机合作社的政策后，联合其他 6 户村民注册成立了克山县仁发现代农业农机专业合作社。合作社共有 7 个成员，出资总额 850 万元，国家财政补贴资金 1 234 万元。

合作社成立以后，李凤玉带领成员奔着美好的未来，使出了全身的力气，但现实却给了他们一记迎面重击。与大多数合作社一样，他们想到的是流转土地自己经营，再加上利用农机为其他农户或农场提供作业服务，以为这样就能获得不错的收入。2010 年，合作社以 240 元/亩的价格，流转 1 100 亩土地种

---

① 撰写人：李世武　于占海

* 亩为非法定计量单位，1 亩≈666.7 米²。——编者注

植大豆，同时利用农机为农户提供作业服务。但由于流转土地规模小且不连片，无法发挥大农机优势，当年合作社账面盈余 13 万元，但若扣除农机具折旧、场库棚等费用，亏损 187 万元。合作社该怎么办，大家心里都没底，有些成员甚至提出退社要求，合作社发展陷入绝境。

二、做法

2011 年，黑龙江省农委主任王忠林一行到合作社调研，在了解基本情况后，针对合作社存在的困难和问题，提出要按照农民专业合作社法要求，以土地为纽带，引导农民联合起来，建立紧密的利益联结关系。为此，合作社召开成员大会，形成若干决议，有力推进了合作社健康快速发展。

（一）引导农户将土地入股合作社，保护农民土地权益

为引导农户将土地入股合作社，合作社召开成员大会，给出了六项条件：

（1）农民土地入社，秋季每亩 350 元保底分红（这比当地土地流转价格每亩高出 110 元）；

（2）秋后剩余盈余，按农民入社土地折资进行二次分红[①]；

（3）有困难的成员可付息全额借回入社土地折资款；

（4）入社成员仍享受国家发放的粮食综合补贴；

（5）合作社重大决策，实行一人一票，不按股权表决；

（6）入社自愿、退社自由。

这六条充分考虑了农民的权益。首先，入股合作社的土地收益要高于农户自己种植所获得的收益。入股土地收益由保底分红（相当于租金）和二次分红构成。除保底分红高出当地流转价格外，入社土地还可以等同于成员出资参与合作社盈余分配。其次，国家按照土地面积补贴给农户的款项，仍然归农户所有。消除了部分农户担心自己不种地就没有补贴的忧虑。第三，对于合作社重大决策，入社农户享有平等的决策权，保证了农户对土地经营的参与及决策权。第四，对于合作社的经营情况，农户可以"用脚投票"[②]。条件一经开出，就得到了广大农民的积极响应，当年合作社经营土地面积猛增至 1.5 万亩。

---

① 入社土地折资进行二次分红是指入社土地每亩折资为 350 元，等同于成员出资，参与合作社盈余分配。

② 用脚投票通俗理解就是不满意时，可以选择离开，满意时可以选择加入。

（二）财政补助形成资产平均量化到每个成员，并参与盈余分配

合作社刚成立时，把财政扶持形成的资产只量化到 7 位成员，导致其他农户没有享受到应有的政策扶持，一定程度影响了入社的积极性，这也导致合作社经营惨淡。"合作社成员在国家补贴面前人人平等，没有高低之分，国家补贴不是个人出资的配套资金，必须平均量化记录在成员账户"，黑龙江省农委王忠林主任对仁发农机合作社提出了明确建议。

为此，合作社按照农民专业合作社法和《农民专业合作社财务会计制度（试行）》要求，把国家财政补助资产平均量化并记录在每个成员账户。针对成员不断变化的问题，合作社根据变化情况适时调整量化方案。成员不分入社先后，只要加入，就能获得国家财政扶持形成的资产量化份额，具体如表 1 所示。

表 1　合作社财政补助资产量化及受益分配情况

单位：个、元

年份	成员数	财政补助总额	成员量化额度	成员分得盈余
2011	314	12 343 626	39 311	12 251
2012	1 222	15 768 848	12 904.1	5 634
2013	2 436	20 768 848	8 525.8	2 814
2014	2 638	17 343 626	6 575	1 489

合作社把国家财政补助资产平分到户、参与分红，并随成员增加而不断稀释，大大提高了成员参与合作社生产经营管理的积极性和责任心。

（三）合作社资产权属清晰，明晰合作社与成员产权关系

合作社资产可分为投入形成的资产和经营形成的资产，投入形成的资产包括成员出资现金、入社土地以及国家财政补助形成的资产。经营形成的资产主要是指合作社经营产生的盈余。

为明晰合作社与成员之间的资产关系，合作社将投入的资产，包括成员出资、入社土地、国家财政补助资产等，按照规定记录在成员账户。

成员出资是合作社成立初期，7 位成员的现金出资，共计 850 万元，其中李凤玉出资 550 万元，其他 6 户分别出资 50 万元。自 2010 年后，合作社就再也没有接受成员现金出资，因此成员出资格局一直延续至今。

入社土地按面积记录在每位成员账户。

国家财政补助资产平均量化到成员账户。

合作社经营产生的盈余，全部按照投入的资产进行分配。各要素在分得盈余后，按一定比例提取公积金，等同于成员出资记录在成员账户，并可参与下一年度的盈余分配。

按此办法，合作社每年都没有未分配盈余①，真正清晰了合作社与成员之间的产权关系。如果当年有未分配盈余，当年入社成员的利益就会受到侵害；如将未分配盈余转入下一年，新入社成员分享上年成员的利益，就会使上年成员吃亏。未分配盈余如果一直不分配，就会模糊这块资产的产权归属，最终会影响到合作社及其成员之间的利益关系。

（四）科学合理分配盈余，公平体现各要素的贡献

由于 2011 年、2012 年和 2013 年、2014 年的盈余分配方案基本相同，因此本文选取 2011 年和 2013 年进行对比分析。

1. 2011 年盈余分配方案

2011 年总盈余 1 342.2 万元，采取"保底＋分红"的形式，具体方案如下：

第一步，支付成员保底金 350 元/亩，共计 525 万元（1.5 万亩×350 元/亩）；

第二步，余下的 817.2 万元（1 342.2 万元－525 万元），按当年参与资金 2 622 万元（其中成员出资 850 万元、国家财政补助资金 1 234 万元、土地折价资金 525 万元、2010 年未分配资金 13 万元）进行分配，每元分得 0.31 元。成员出资分得 264.9 万元，国家财政补助资金分得 384.6 万元，土地折价资金分得 163.6 万元，公积金分得 4.1 万元。

第三步，考虑到合作社持续发展，经成员代表大会决定，按 50％的比例提取公积金，共提取 408.6 万元（817.2 万元×50％），并按出资比例②记录在各成员账户。

第四步，可分配盈余 408.6 万元（817.2 万元－408.6 万元）按出资比例进行分配，7 个出资成员实领 138.8 万元，入社农户实领 269.8 万元。

2. 2013 年盈余分配方案

2013 年，为了促进合作社与成员之间建立风险公担、利益共享的紧密合

---

① 可参见附件，合作社盈余分配表。
② 出资比例是指成员入社现金、入社土地折资、国家财政补助资金量化份额、公积金份额的总和占全部总额的比重。

作，合作社召开成员代表大会，讨论认为只要保底金，不愿意承担合作社的经营风险，实际上就是单纯的土地租赁关系，也就不是真正的合作社成员，因此也就没有资格享受二次分红。因此成员代表大会通过了"春要保底、秋不分红"的决定。这一安排充分考虑了农户的不同需求，对于不愿意承担生产经营风险的农户，可以在春季与合作社签订土地保底价格的合同，但是如果签订了合同，就不能再参与合作社的二次分红。经过理性计算后，几乎全部成员都选择了不要保底的分配方案。

为了避免一些农户将自家的人口和土地分割成几部分，再分别加入合作社以获得多一份的国家财政补贴资金量化的份额，合作社进一步调整了对国家财政补贴资金产生盈余的分配方法，规定以土地经营权带地入社的成员，必须以户为单位、以所在村组分得的土地台账为依据，全部入社，才可以参与国家财政补贴资金的量化分配。这一做法避免了前期个别成员钻空子的现象，而且也进一步保障了合作社经营土地的连片。

2013 年，合作社总盈余 5 328.9 万元，具体分配方案如下：

总盈余分配的依据是入社土地面积和成员权益。具体比例为总盈余的 74% 按照入社土地面积分配，而后每户按 25% 的比例提取公积金；总盈余的 26% 按照成员权益分配，而后每户按 40% 的比例提取公积金。

按照分配办法，3 942.5 万元（5 328.9 万元×0.74）按照入社土地 5.4 万亩平均分配，每亩分得 786 元。每个成员按分得盈余的 25% 提取公积金，共提取 985.6 万元，记在成员账户。

1 386.4 万元（5 328.9 万元×0.26）按成员权益分配，每 1 元分得 0.33 元。每个成员按分得盈余的 40% 提取公积金，共提取 1 540.2 万元，记在成员账户。

3. 合作社盈余分配制度演进路径

（1）盈余分配方式不断优化，成员与合作社利益联结更加紧密。 在经历 2010 年的经营失败后，2011 年合作社决定改变租地的方式，采取给予"保底收入＋土地折价参与二次分红"的方式，使农户与合作社以土地为纽带，建立起较为紧密的利益联结关系。一方面，给予土地保底收入（相当于土地的租赁费用），消除农户将土地交由合作社统一经营的后顾之忧；另一方面，将土地折价参与二次分红，增加入社农户的土地收入，吸引更多农户将土地入社。从实践效果看，2011 年 314 户农户将 1.5 万亩入股合作社，到 2012 年 1 222 户农户将 3 万亩土地入股合作社，分别增加了 2.9 倍和 1 倍。

经过两年的发展，合作社经营效益持续增加，合作社感到建立风险共担、利益共享的更加紧密的联结关系的时机已经成熟。合作社召开成员代表大会，通过了"春要保底、秋不分红"的决议。最终，几乎所有农户都认同了"年底分红"的盈余分配方式。2013 年 2 436 户农户将 5 万亩土地入股合作社，到2014 年有 2 638 户将 5.4 万亩土地入股合作社。至此，入股合作社的土地不再享有保底收入，而是待合作社年度生产经营结束后，按比例参与盈余分红。当然，如果合作社经营不善，成员也要承担相应的风险。

(2) 盈余分配比例不断优化，各要素的贡献得到公平体现。从合作社的盈余分配方案可以看出，土地、成员出资、财政补助资产及公积金等各要素的分配比例不断在调整，其相应的贡献也逐步得到公平体现。合作社盈余中，土地分配比例从 2011 年的 51％提高到 2014 年的 75％；出资分配比例从 2011 年的20％降低到 2014 年的 4％；财政补助资产分配比例从 2011 年的 29％降低到2014 年的 8％；公积金分配比例从 2011 年的 0.3％增加到 2014 年的 13％，具体如表 2 所示。

表 2 合作社盈余分配比例

单位：万元

年份（年）	总盈余（元）	土地		出资		财政补助资产		公积金	
		分得金额（元）	占比（％）	分得金额（元）	占比（％）	分得金额（元）	占比（％）	分得金额（元）	占比（％）
2011	1 342.2	688.6	51	264.9	20	384.7	29	4.1	0.3
2012	2 758.6	1 514.9	55	371.1	13	688.5	25	184.1	7
2013	5 328.9	3 942.5	74	280.5	5	685.5	13	420.4	8
2014	4 890.3	3 667.7	75	192.5	4	392.8	8	637.3	13

从图 1 可以看出，各要素中，土地和公积金的分配比例在不断提高。这是因为，土地是合作社发展的基础，也是合作社产生收益的基本来源。分散、小面积的土地可能效益有限，但将单家独户的土地连片集中起来，会产生明显的规模效益，因此土地在合作社收益贡献中无疑是最大的。只有提高土地参与盈余分配的比例，提高农户将土地入社的积极性，才能夯实合作社的发展基础。

公积金又称储备金，是为增强企业自身财产能力、扩大生产经营和预防意外亏损，依法从企业利润中提取的一种款项，不作为股利分配的部分所得或收益。公积金主要是用于弥补企业亏损、扩大企业生产经营、转增企业资本。虽然农民专业合作社法没有规定合作社必须提取公积金，但合作社在发展中与其他市场主体一样，面临着亏损风险、扩大规模的需求，因此合作社提取公积金很有必要。仁发农机合作社在分配盈余后，针对不同类别的成员提取不同比例

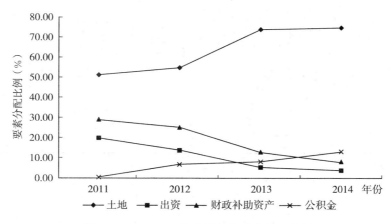

图1　2011—2014年合作社各要素分配比例

的公积金，提取的公积金等同于成员出资记在成员账户，并参与下一年度的盈余分配，这既体现了效率更体现了公平。

国家财政补助资产和成员出资的盈余分配比例逐年下降。这两类要素都是资金，不可否认资金在合作社组建和发展初期具有决定性的作用，因此在前期给予较高的盈余分配比例是科学的。但随着仁发农机合作社的不断发展壮大，资金的稀缺性得到逐步缓解，因此降低盈余分配比例是符合实际的做法。原因有三个方面：一是国家财政补助资产是平均量化到每个成员的，因此其分配比例的多少，对所有成员来讲都一样；二是由于成员出资只集中于7个成员，一直高比例的占有盈余，会挫伤大多数成员的积极性；三是虽然降低了成员出资的分配比例，较之于存入银行机构4%左右的年回报率，每年20%～40%的高额回报，也足以留住这部分资金。

（五）规模连片经营，实现节本增效

土地规模经营，提高了亩均收益。规模经营促进了优良品种和先进技术的推广和应用。合作社玉米种植亩均产量由650千克增加到750千克，比当地非成员平均亩增产80千克；大豆平均亩产达175千克，比非成员平均亩增产25千克；马铃薯平均亩产达3250千克，比非成员平均亩产增产1150千克。

优选品种后，合作社与克山县农技推广人员合作实施"科技包保"[①]。在实

---

① "科技包保"是指农技人员与种粮大户或专业合作社签署科技服务、种苗采用协议；如果该技术或品种能够将提高粮食产量一定百分比，农技人员则获得一定的资金奖励；如果不能达到议定的增产效果，农技人员则要自掏腰包补偿种粮大户或专业合作社的损失。

施"科技包保"后，仁发农机合作社在玉米种植时应用的"大垄技术"，使玉米密度由每亩 4 000 株提高到 4 500 株，每亩比农民分散种植增产 50 多千克。

2011—2014 年，合作社种植玉米亩均产量由 600 千克增加到 2014 年的 750 千克，纯收益由 630 元增加到 717 元，分别增长了 25％和 13.8％，具体如表 3 所示。

表 3　玉米种植亩均产量、支出及收益

单位：千克，元

年份	单产	收入	支出	纯收益
2011	614	958	328	630
2012	690	1 110	493	617
2013	697	1 124	538	586
2014	750	1 170	454	717

土地规模经营，稳定生产成本。合作社 2014 年经营土地 5.4 万亩，共计 68 块，最大的一块 1 万余亩，最小的一块 500 多亩，通过统一购买生产资料、统一机械化耕作、统一管理等，降低了种植成本。2011—2014 年，合作社玉米种植成本基本稳定，略有小幅上涨，主要是由于应用新品种、追肥、机械作业等方面成本的增加，具体如表 4 所示。

表 4　玉米种植亩均成本

单位：元

年份	支出	其中					
		种子	化肥	农药	机耕费	人工费	其他①
2011	328	20	105	14	163	27	0
2012	493	50	180	40	100	87	15
2013	538	45	216	55	140	30	52
2014	454	45	180	55	152	22	0

（六）延长产业链条，实现加工增值

仁发合作社经过几年的实践探索，充分认识到要想谋求长远发展，必须创

---

① 其他费用是指运输、销售费用。2014 年没有费用是因为产品直接运到合作社进行烘干。

新经营理念，在延长产业链上下功夫。2013年以来，合作社投资建设了1 800平方米马铃薯组培楼、1万平方米网棚、3 800平方米种薯窖，生产原原种280万粒；新建年可烘干玉米1.5万吨的烘干塔和存栏1 000头、年出栏2 000头的黄肉牛养殖场；种植1.2万亩绿色有机食品，建立了"仁发特卖"追溯和网络营销平台，借助"龙哥""龙妹"和"仁发绿色庄园"等自主品牌，打造高端产品。其中，1 000亩有机高蛋白豆浆大豆，平均亩产140千克，每千克可卖到20元以上。

合作社牵头与县内7家合作社联合出资1亿多元，新建30万吨谷物综合加工项目，推动玉米和大豆错季销售，实现农产品加工增值。此外，仁发合作社发起组建了黑龙江龙联合作社联合社，来自全省各地的300多家农民合作社成为其首批成员，规模经营土地达到420多万亩。中国建设银行黑龙江省分行为联合社授信30亿元信贷规模，为联合社的发展提供了资金保障。

（七）健全管理制度，提高工作效率

健全组织机构和规章制度。按照农民专业合作社法等有关法规要求，成立了合作社成员代表大会、理事会、监事会等组织结构，设置了经理、会计、出纳、材料员、驾驶员、农具手、质量监督员、场区管理员、场区保安人员、油料保管员等工作岗位，针对不同岗位制定了详细的岗位职责。针对机务、生产、财务等重点领域，结合工作实践，制定了23项管理规章制度，确保各项工作有章可循。

聘用专业技术人才。合作社通过公开竞聘的方式，面向社会招聘工作人员，包括合作社正、副经理，生产管理和技术人员，农机驾驶员人。对所招收的农机驾驶员要求有5年以上驾驶经验，并且参加省、市、县举办的财务管理和农机技术培训班，达到了"三懂四会"标准，做到持证上岗。

建立奖惩结合的激励机制。为提升相关人员工作积极性，合作社决定从2013年开始，从年度总盈余中提取3%作为理事长及其他管理人员的年度工资。理事长工资占总盈余3%的20%、其他管理人员工资之和占总盈余3%的80%。所付工资及对模范成员和职工的物质奖励计入合作社经营成本。为进一步规范农机具管理和作业效率，合作社制定了"单车核算办法"，大大提高了农机具的作业效率，降低了作业成本。

三、成效

短短5年时间，仁发现代农业农机专业合作社发展取得巨大成功，成员数量快速增加、入社土地面积持续增长、盈余及成员收入快速提高。

1. 成员不断增加

成员由 2009 年的 7 个,增加到 2014 年 2 638 个,增长了 376 倍。成员从本村到目前涉及 2 县、6 乡镇、37 村,影响面不断扩展。如图 2 所示。

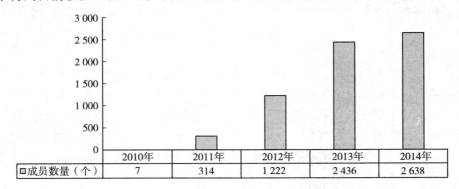

	2010年	2011年	2012年	2013年	2014年
□ 成员数量(个)	7	314	1 222	2 436	2 638

图 2 2010—2014 年成员数量情况

2. 规模不断扩大

入社土地面积从无到有,到 2014 年年底已达到 5.4 万亩,经营规模不断扩大。如图 3 所示。

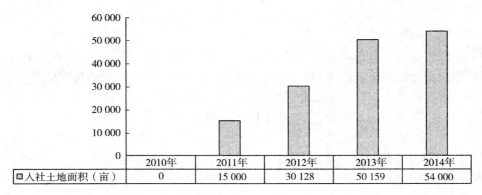

	2010年	2011年	2012年	2013年	2014年
□ 入社土地面积(亩)	0	15 000	30 128	50 159	54 000

图 3 2010—2014 年入社土地面积情况

3. 效益不断提升

总盈余从 2010 年亏损 187 万元,到 2014 年年底盈利 4 890.3 万元,规模效益逐步显现,如图 4 所示。

通过规模、连片、统一经营,土地亩均效益逐年提高,其中 2013 年达到 922 元,比同期当地土地流转价格高出 2 倍多。如图 5 所示。

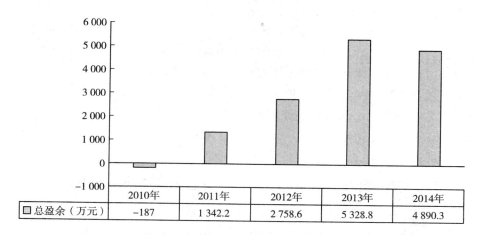

	2010年	2011年	2012年	2013年	2014年
☐ 总盈余（万元）	−187	1 342.2	2 758.6	5 328.8	4 890.3

图 4　2010—2014 年总盈利情况

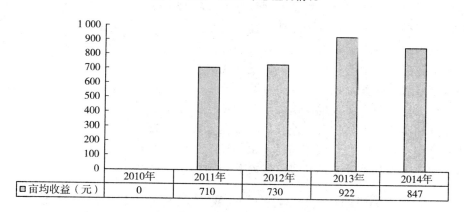

	2010年	2011年	2012年	2013年	2014年
☐ 亩均收益（元）	0	710	730	922	847

图 5　2010—2014 年亩均效益情况

四、启示

仁发现代农业农机专业合作社注册成立近 5 年时间，从满怀期望到濒临破产，再到快速发展，已成为各界关注的焦点。其扭亏为盈、发展迅猛的关键是成员地位的平等、要素贡献的公平体现、成员合作意识的不断提高以及政府部门的有力指导与支持。

（一）农民合作起来的基础是成员地位要平等

由于掌握资金、土地、技术、市场等资源的能力和实力不同，导致成员在合作社产权、管理、收益等方面，很难实现地位平等。仁发现代农业农机专业合作社在经历经营失败的教训下，由成员大会形成决定，不分加入时间先后，只要是合作社的成员，地位一律平等。所以在合作社，不论是出资，还是土地入股，成员地位一律平等。具体体现在：实行民主管理，合作社重要决策一人一票；盈余返还方案，科学评估土地价值，并在实际分配中，土地收益比例要高于资金收益比例；国家财政补助财产平均量化到每位成员，并享受盈余分红。地位平等，盈余分配合理，极大调动了农民参与合作社的积极性，激发了各类资源的活力。

（二）农民合作起来的关键是成员要素贡献要得到公平体现

土地股份合作社是当前我国农民合作的一种重要形式。仁发现代农业农机合作社就是一个典型，其合作要素主要就是农民的土地。实践中，多数土地股份合作社容易被掌握资金的农村能人控制，原因有两个方面：一是在农业领域，资金相比于土地更具稀缺性，其价值往往要高于其他要素；二是土地股份合作社中土地的贡献不易测量，人们往往参照当地同时期的土地租金，将其等同于土地在合作中的贡献水平。仁发现代农业农机合作社通过 7 个成员的出资和国家财政补助资金解决了资金难题。给予土地更加合理的回报，重点解决吸引农户土地入股、实现规模连片经营的难题。近几年，合作社不断优化盈余分配依据和比例，不断扩大土地和公积金在盈余分配中的比例，在充分肯定了土地在合作社效益中的贡献的同时，也保证了合作社支持发展的资金支持，最终与成员建立了紧密的收益共享、风险共担的利益联结机制。

（三）农民合作起来的重点是成员合作意识与能力要增强

什么是合作社？为什么要加入合作社？加入合作社有哪些权利和义务？能得到什么？等等，这些问题都需要让农户透彻了解。在不了解这些知识的情况下，贸然成立合作社，不但达不到合作的目的，还容易挫伤农民合作积极性，给合作社发展带来不利影响。农民合作的意识与能力需要不断培育和锻炼。仁发现代农业农机专业合作社通过政策宣讲、会议座谈、公开信息等形式，特别是通过利益引导的方式，逐步让农民了解合作社、认可合作社、加入合作社、发展合作社，促进合作社不断做大做强。

（四）农民合作起来的条件是政府指导服务扶持要有力

合作社植根于农业，惠顾于农民，发展于农村，还处于发展初期阶段，需要政府有关部门在财政、金融、税收、人才等方面，给予强有力的指导、服务和扶持。仁发现代农业农机专业合作社是幸运的，黑龙江省针对农机合作社的扶持政策，让仁发现代农业农机专业合作社获得了 1 200 多万元的农机具；省农委王忠林主任的一次调研，让合作社得到专家面对面的亲自指导等，这些都为合作社的发展提供了坚实的保障。

专家点评：

仁发农机合作社是农机合作社中的一面旗帜，一个标尺。"仁发"能够成为一个"名牌"合作社，除了有经营方面产前的新品种研发，产后的发展循环经济、实现品牌效应等经验外，案例揭示出的最大亮点在于它能够通过不断创新、完善盈余分配制度创新，严格执行财政扶持资金按年平均量化到每个成员的个人账户上的法律规定，从而形成组织发展的内在激励，让广大农户社员真正成为合作社的所有者，成为合作社收益的分享者和合作社风险的承担者，而不是像许多土地入股的合作社那样，入社农户不过是单纯收取定额租金的承包土地租赁者而已。

与很多快速崛起的合作社相类似，仁发农机合作社的起步源于抓住财政扶持合作社的政策机遇，组建起高起点的大型农机服务合作社，并通过引导农户以承包土地形式加入合作社，实现土地的连片规模经营，解决了大型农机具与分散、小规模农地无法对接的问题，使大型农具的技术优势得以有效发挥。在省农委领导的直接指导下，仁发不断完善盈余分配制度，从"租地经营"到租赁土地与"二次分红"相结合，再到"春要保底、秋不分红"的完全以土地分红为主，逐步摸索出合作社领办人与普通农地入股成员形成利益共享、风险同担共同体的机制。入社农户也从"地主"转型到了"合伙人"，真正成为合作社的经营风险。按照《农民专业合作社法》的规定，将政府扶持资金按照当年社员总量平均量化到每个成员账户上，虽然稀释了现有成员的股金份额，但是带来了成员"雪崩式"式增长和合作社土地经营规模的快速扩张，最终带动了更多的农户增产增收，实现了合作社为农服务、促农增收的组织目标。

（苑鹏，中国社会科学院农村发展研究所农村经济组织与制度研究室主任、研究员）

附件1：

仁发现代农业农机专业合作社章程

（经 2015 年 1 月 23 日全体成员代表大会讨论通过）

第一章　总　则

第一条　为保护成员的合法权益，增加成员收入，促进本社发展，依照《农民专业合作社法》《农民专业合作社登记管理条例》《农民专业合作社示范章程》和有关法律、法规，制定本章程。

第二条　本社由李凤玉等 7 人发起，出资 850 万元，于 2009 年 9 月 28 日召开设立大会成立。

本社定名为克山县仁发现代农业农机专业合作社。截止到 2015 年春耕前，成员总户数达到 3 000 户以上，农民带地入社面积 12 万亩。

本社法定代表人：李凤玉。

本社住所：克山县河南乡学习村，邮政编码：161600。

第三条　本社以服务成员、谋求全体成员的共同利益为宗旨。成员入社自愿，退社自由，地位平等，民主管理，实行自主经营，自负盈亏，利益共享，风险共担，盈余主要按照成员出资比例、作业量或交易量（额）比例返还。

第四条　本社以从事农业生产、各类农机代耕作业服务农民和转移劳动力为主体，主要业务内容是：组织机械化生产、收割和农产品初加工以及帮助入社农户转移富余劳动力，提供信息、技术、维修、培训、咨询和就业等服务。与种粮大户联合，为玉米烘干塔提供潮粮来源；组建黄肉牛养殖场；新上甜糯玉米速冻冷藏项目和马铃薯深加工项目、建设绿色有机食品基地，以促进入社成员增加经济收入。

第五条　本社对成员出资、带地入社的土地、公积金、国家财政补助、他人捐赠以及合法取得的其他资产所形成的财产，享有占有、使用和处分的权利，并以上述财产对债务承担责任。

第六条　本社当年提取的公积金，按照成员的出资、作业量（额）依比例量化为每个成员所有的份额。国家财政补助、他人捐赠所形成的财产平均量化为每个成员所有的份额、作为可分配盈余依据之一。

本社为每个成员设立个人账户，主要记载该成员的出资额、带地入社土地面积和量化为该成员的公积金额。

本社成员以其个人账户内记载的出资额和公积金份额为限对本社承担责任。

第七条 本社遵守国家的法律法规,接受克山县农机主管部门的技术指导和协调,组织实施国家支持的农业和农村经济建设项目;接受县农经主管部门的财务审计;兴办与本社相关的经济实体,以本社全部资产承担责任。

第二章 成　　员

第八条 具有民事行为能力的公民,从事机械化生产作业和自愿以带地入社进行规模种植等生产经营,能够利用并接受本社提供的服务,承认并遵守本章程,履行本章程规定的入社手续,可申请成为本社成员。本社吸收从事与本社业务直接有关的企业、事业单位或社会团体为团体成员。本社成员中,农民身份成员占成员总数的100%。

第九条 凡符合前款规定,向本社提交书面申请,并按章程规定向本社出资或带地入社,经本社理事会审核并讨论通过,即成为本社成员。

第十条 本社成员(代表)的权利:

(一)参加成员(代表)大会,并享有表决权、选举权和被选举权,按照章程规定对本社实行民主管理;

(二)利用本社提供的各种经济、技术、信息服务、外出打工就业和本社生产经营设施;

(三)利用本社购买物资和销售产品;

(四)按照本章程规定或者成员(代表)大会决议分享本社盈余;

(五)查阅本社章程、成员名册、成员(代表)大会记录、理事会会议决议、监事会会议决议、财政报告和会计账簿;

(六)对本社的工作提出质询、批评和建议,进行监督;

(七)建议召开临时成员(代表)大会;

(八)自由退出退社声明,依照本章程规定退出本社。

第十一条 本社成员(代表)大会选举和表决,实行一人(户)一票制,成员各享有一票基本表决权。

出资额占本社成员出资总额百分之九十以上或者与本社作业量或业务交易量(额)百分之九十以上的成员,在本社重大财产处置、投资兴办经济实体、对外担保等生产经营活动中的重大事项决策方面,最多享有一票的附加表决权。

第十二条 本社成员应承担下列义务:

(一)遵守本社章程和各项规章制度,执行成员(代表)大会和理事会的决议；

（二）按章程规定向本社出资或带地入社；

（三）积极参加本社活动，支持理事会、监事会（执行监视）履行职责；

（四）维护本社利益，爱护本社的设施，保护本社成员的共有财产；

（五）接受本社技术指导，按照规定的质量标准从事生产和服务，履行签订的合同，发扬互助协作精神，共同发展本社生产；

（六）不得从事损害本社成员共同利益的活动；

（七）按规定承担亏损。

第十三条 成员有下列情形之一的，终止其成员（代表）资格：

（一）主动要求退社的；

（二）丧失民事行为能力的；

（三）死亡的；

（四）团体成员所属企业或组织破产解散的；

（五）被本社除名的。

第十四条 个人成员退出本社须在财务年度终了的三个月前向理事长或理事会提出书面申请，团体成员退出本社须在财务年度终了的六个月前提出，经理事会或成员（代表）大会讨论通过方可退出。其成员资格于该财务年度结束时终止。资格终止的成员须分摊资格终止前本社的亏损及债务。

成员资格终止的，在该会计年度2月内（不应超过三个月），退还记载在该成员账户内的出资额和公积金份额。如本社经营盈余，按照本章程规定向其返还其相应的盈余所得；如本社经营亏损，扣除其应分摊的亏损金额。

成员在其资格终止前与本社订立的业务合同应继续履行。

第十五条 成员（代表）死亡，其法定继承人符合法律及本章程规定条件的，在1个月内提出入社申请，经理事会或成员（代表）大会讨论通过后办理入社手续，并继承被继承人与本社的债权和债务。否则，按照第十四条的规定办理退社手续。

第十六条 成员的出资额、土地带地入社和公积金份额及其债权、债务，不得转让给非本社成员。

第十七条 属于下列情况之一，由理事会或成员（代表）大会讨论通过后，予以除名：

（一）不履行成员（代表）义务，经教育无效的；

（二）给本社名誉或利益带来严重损害的；

（三）成员（代表）共同决议的其他情形。

取消成员（代表）资格，必须有三分之二以上的理事或成员（代表）出席，并有出席会议的半数以上的票数通过，方能生效，并按第十四条第二款规定办理退社手续。因前款第二项被除名的，须对本社作出相应赔偿。

第三章　组织机构

第十八条　本社设立成员（代表）大会、理事会、监事会和劳务输出工作站。

第十九条　成员（代表）大会是本社的最高权力机构，由全体成员组成。召开成员（代表）会议，履行成员（代表）大会职权。本社成员达到3 000户以上，每32～36名（户）成员自愿推选一名成员代表，成员代表要代表着成员利益。合作社代表总数设为71人。选举成员代表时，可以在本居住地或其他居住地的亲朋好友直接民主推荐产生。一经确定为成员代表后，就必须履行成员（代表）大会的职权、时刻代表着所代表成员的切身利益。成员代表任期1年，可以连选连任。

第二十条　成员（代表）大会行使下列职权：

（一）审议、修改本社章程和各项规章制度；

（二）选举和罢免理事长、理事、执行监事或者监事会成员或劳务输出工作站负责人及工作人员；

（三）决定成员入社、退社、继承、除名、奖励、处分等事项；

（四）　决定入社成员带地入社；

（五）审议批准本社的发展规划和年度业务经营计划；

（六）审议批准年度财务预算和决算方案；

（七）审议批准年度盈余分配方案、亏损处理方案；

（八）审议批准本社理事会、执行监事或者监事会提交的年度业务报告；

（九）决定重大财产处理、对外投资、对外担保和生产经营活动中的其他重大事项；

（十）对有本社的合并、分立、解散、清算和对外联合等作出决议；

（十一）决定聘用经营管理人员和专业技术人员的数量、资格、报酬和任期；

（十二）听取理事长或者理事会关于成员变动情况的报告；

（十三）讨论决定其他重大事项。

第二十一条　本社每年至少于财务年初和年末分别召开一次成员（代表）大会。成员（代表）大会由理事会负责召集，召开成员（代表）大会，理事会须提前十五日向成员（代表）通报会议内容。

第二十二条　有下列情形之一，应当在二十日内召开临时成员（代表）

大会。

（一）百分之三十以上的成员提议；

（二）理事会决议；

（三）执行监事或者监事会决议。

第二十三条 成员（代表）大会应当有三分之二以上成员（代表）出席方可召开。本社表决实行一人一票制。成员（代表）因故不能到会，可书面委托其他成员（代表）代理。一名成员代表最多只能代理 32～36 名成员表决。

成员（代表）大会选举或者做出决议，须经本社成员表决权总数过半通过；对修改本社章程，改变成员出资标准，增加或者减少成员出资，合并、分立、解散、清算和对外联合等重大事项做出决议的，须经成员表决权总数三分之二以上的票数通过。成员代表大会的代表以其受成员书面委托的意见及表决权数，在成员代表大会上行使表决权。

第二十四条 理事会是本社的执行机构，理事由成员大会选举产生。理事会由五名成员组成，设理事长一名，理事四名。理事长和理事会任期四年，可连选连任。

第二十五条 理事会行使下列职权：

（一）组织召开成员（代表）大会，执行成员（代表）大会决议；

（二）制定本社发展规划、年度生产经营计划、内部管理规章制度等，提交成员（代表）大会通过并组织实施本社的各项工作任务；

（三）制定年度财务决算、盈余分配和亏损弥补等方案，提交成员（代表）大会审议；

（四）组织开展成员培训和各种协作活动；

（五）管理本社的财务与财产，保障本社的财产安全；

（六）接受、答复、处理执行监事或者监事会提出的有关质询和建议；

（七）决定成员入社、退社、继承、除名、奖励、资助、处分等事项；

（八）聘用或解聘本社经理、财务会计和其他工作人员；

（九）履行成员（代表）大会授予的其他职责。

第二十六条 理事会应严格遵守各种报告制度，定期向成员（代表）大会提出有关业务、财务等工作报告。

第二十七条 理事会会议表决，实行一人一票。对生产经营计划、人事和财务管理等重大事项集体讨论，并经三分之二以上理事同意方可形成决定。理事会由理事长主持。理事个人对某项决议有不同意见时，须将其意见记入会议记录并签名。理事会开会须邀请执行监事或者监事长、经理列席，也可以根据需要邀请成员代表列席，列席者无表决权。

第二十八条 理事长为本社的法定代表人。理事长行使下列职权：

（一）主持成员（代表）大会，召集并主持理事会会议；

（二）签署本社成员出资证明；

（三）签署聘任或者解聘本社经营管理负责人、财务会计和其他人员聘书；

（四）组织实施成员（代表）大会和理事会决议，检查决议实施情况；

（五）代表本社签订合同等。

第二十九条 本社设监事会，代表全体成员监督检查理事会和工作人员的工作。监事由成员大会（代表）选举产生。监事会由三名监事组成，选举监事长一名、监事二名。监事长和监事任期四年，可连选连任。监事长列席理事会会议。

第三十条 监事会行使下列职权：

（一）监督理事会对成员（代表）大会决议和本社章程的执行情况；

（二）监督检查本社的生产经营业务情况，负责本社财务审核监察工作；

（三）监督理事长或者理事会成员和经理履行职责情况；

（四）向成员（代表）大会作年度监察报告；

（五）向理事长或者理事会提出质询和改进工作的建议；

（六）提议召开临时成员（代表）大会；

（七）代表本社负责记录理事与本社发生的作业量或交易量（额）情况；

（八）履行成员（代表）大会授予的其他职责。

第三十一条 监事会由监事长召集，会议决议应以书面形式通知理事会。理事会须在接到通知 3 日内就有关质询作出答复。

第三十二条 监事会会议表决实行一人一票。监事会会议须有三分之二以上的监事出席方能召开。重大事项的决议须经三分之二以上的监事同意方能生效。监事个人对某决议有不同建议时，须将其意见记入会议记录并签名。

第三十三条 本社经理由理事会聘任或者解聘，对理事会负责，行使下列职权：

（一）主持本社的生产经营工作，组织实施理事会决议；

（二）组织实施年度生产经营计划和投资方案；

（三）拟定经营管理制度；

（四）提请聘任或者解聘财务会计人员和其他经营管理人员；

（五）聘任或者解聘除应由理事会聘任或者解聘之外的其他工作人员。

第三十四条 现任理事长、理事以及理事长和理事的直系亲属、经理以及财务会计人员不得兼任监事。

第三十五条 本社的理事长、理事和管理人员不得有下列行为：

（一）侵占、挪用或者私分本社资产；

（二）违反章程规定或未经成员大会同意，将本社资金借贷给他人或者以本社资产为他人提供担保；

（三）接受他人与本社交易的佣金归为己有；

（四）从事损害本社经济利益的其他活动；

（五）兼任业务性质相同的其他农民专业合作社的理事长、理事、监事、经理。

理事长、理事和管理人员违反前款规定所得的收入，归本社所有；给本社造成损失的，须承担赔偿责任。

第四章　业务范围

第三十六条　本社根据生产经营发展和自主规模经营土地的需要，以本乡及周边地区代耕作业为主要对象，开展以下服务：

（一）组织开展生产劳动合作和农机具规模作业、配套作业；组织入社农户的富余劳动力定点转移，并通过就业服务；

（二）引进新技术、新机具、新品种，开展技术培训、技术交流活动，组织经济、技术协作，为成员提供技术指导和服务；

（三）兴办成员生产经营所需要的维修、加工包装、储藏运输、贸易、交易市场等经济实体，推进农业产业化经营；

（四）采购和供应成员所需的生产资料和生活资料；

（五）提高本社农机作业质量，加强农机安全生产，帮助做好农机维修保养工作，创立农机服务品牌；

（六）与种粮大户联合，为玉米烘干塔提供潮粮来源；组建黄肉牛养殖场；新上甜糯玉米速冻冷藏项目和马铃薯深加工项目、建设绿色有机食品基地；

（七）承担国家、集体或个人委托的科研项目和有关业务。

第三十七条　经成员（代表）大会讨论通过，本社2015年自主规模经营土地种植玉米、马铃薯和大豆杂粮以及绿色有机食品的种植，产品通过订单销售。所获收益按本社的分配原则进行分配。

第三十八条　本社接受与本社业务有关的单位委托，办理代购代销等中介业务。

第三十九条　本社可以向政府有关部门申请或接受政府有关部门委托，组织实施有关农业项目建设。

第四十条　经成员（代表）大会或理事会通过，参加社会公益捐赠，办理成员文化、福利等事业，培养互助合作精神。

第五章　财务管理

第四十一条　本社实行独立的财务管理和会计核算，严格按照国务院财政部门制定的农民专业合作社财务制度和会计制度核定生产经营和管理服务过程中的成本和费用。

第四十二条　本社依照有关法律、行政法规和政府有关主管部门的规定，建立健全财务和会计制度，实行每月 25 日（或每季度第一月二十五日）财务定期公开制度。

本社财会人员应持有会计从业资格证书，会计和出纳互不兼任。理事会、监事会成员及其直系亲属不得担任本社的财会人员。

第四十三条　本社依据成员名册，为每个成员设立个人账户。成员于本社的所有业务交易，实名记载于各该成员的个人账户中，作为按作业量或者交易量（额）进行可分配盈余返还分配的依据。

第四十四条　利用本社提供服务的非成员与本社的所有业务交易，实行单独记账，分别核算。

第四十五条　财务年度终了时，由理事会按照本章程规定，组织编制年度业务报告、盈余分配方案、亏损处理方案以及财务会计报告，经执行监事或者监事会审核后，于成员大会召开的十五日前，置备于办公地点，供成员查阅并接受成员的质询。

第四十六条　本社资金来源包括以下几项：

（一）成员现金出资和带地入社土地；

（二）本社每个财务年度从盈利中提取的公积金、公益金；

（三）金融机构贷款；

（四）国家扶持补助基金；

（五）他人捐赠款；

（六）其他资金。

第四十七条　本社成员可以用货币出资，也可以用农机具等实物、技术或土地等其他财产权利作价出资。作价出资与货币出资享有同等权利和承担相同义务。

每位成员出资额不得超过本社出资总额的百分之二十，农机作业服务成员的出资额应当占本社出资总额的百分之五十以上。

经理事会审核，成员（代表）大会讨论通过，成员出资可以转让给本社其他成员。

第四十八条　本社成员认缴的出资额，须在三个月内缴清。

第四十九条 本社初次筹集的出资额总额为 850 万元，每个成员最少出资额为 50 万元，每个成员最多出资额 550 万元。其他以土地带地，必须以户为单位、以所在村组分得的土地台账为依据，全部入社，取消土地保底金。为实现本社及全体成员发展目标，需要调整出资时，经成员（代表）大会讨论通过，形成决议，每个成员须按照成员（代表）大会决议的方式和金额调整出资。一律不接受现金入社的新成员。

第五十条 本社向成员颁发成员证书，并载明成员的出资额。颁发给成员的成员证书须同时加盖本社财务印章和理事长印鉴。

第五十一条 本社生产经营和管理过程中的费用开支范围严格执行有关财务、会计制度，计入成本。费用开支范围主要包括：

（一）本社日常办公费；

（二）发展本社生产经营事业所发生的经营性支出；

（三）科研、咨询、培训、推广、维修保养和宣传教育等支出；

（四）对特别困难成员的补助；

（五）职工工资和福利费用；

（六）本社福利事业支出；

（七）成员和职工的物质奖励；

（八）其他符合财会制度规定的支出。

第五十二条 本社公积金提取标准：扣除当年生产经营、管理服务成本和土地规模经营支出后，年终盈余提取公积金。即：从当年盈余中不高于 50％ 的比例提取。

上列各项的提取比例和数额，由理事会提出方案，由成员（代表）大会讨论决定后实施。

第五十三条 本社接受国家财政直接补助和他人捐赠，均按照本章程规定的方法确定的金额入账，作为本社的资金（产），按照规定用途和捐赠者意愿用于本社发展。在解散、破产清算时，由国家财政直接补助形成的财产，不得作为可分配剩余资产分配给成员，处置办法按照国家有关规定执行；接受他人捐赠，与捐赠者另有约定的，按约定办法处置。

第五十四条 合作社没有无主资产。本社接受国家财政直接补助和他人捐赠形成的财产所产生的盈余，平均量化到成员（以户为单位），并记载在成员个人账户中。具体比例由成员（代表）大会讨论决定。

第五十五条 本社如有亏损，经成员（代表）大会讨论通过，用公积金弥补，不足部分也可以用以后年度盈余弥补。因弥补亏损所减少的资金，成员（代表）大会应酌情规定补充的办法和期限。

本社的债务用公积金弥补，不足部分依照成员个人账户中记载的财产份额，按比例分担，但不超过成员账户中记载的出资额和公基金份额。

第五十六条 本社聘用职工计划及其工资标准，需经成员（代表）大会批准。所付工资及对模范成员和职工的物质奖励计入成本。

第五十七条 本社当年未分配盈余为零。分配原则是：带地入社的成员，年终分红占当年总盈余的70%以上、以现金出资入社、国投资金、上年结转的公积金和国补专项资金等，年终分红占当年总盈余的30%以下。

第五十八条 本社提取的公积金，主要用于偿还本社债务及扩大本社发展和再生产和扩大服务或弥补亏损；

第五十九条 支持合作社延长产业化发展链条。独资或与外单位联合兴办的经济实体，实行独立核算。本社作为产权单位行使参与管理和监督权，全体成员享有收益分红的权力。

第六十条 监事会负责本社的日常财务审核监督。根据成员（代表）大会或者理事会决定，委托克山县审计机构对本社财务进行年度审计、专项审计和换届、离任审计。

第六章 合并、分立、变更、解散和清算

第五十九条 本社与他社合并，须经成员（代表）大会决议，自合并决议作出之日起十日内通知债权人。合并后的债权、债务由合并后续存或者新设的组织继承。

第六十条 经成员（代表）大会决议分立时，本社的财产作相应分割，自分立决议作出之日起十日内通知债权人。分立前的债务由分立后的组织承担连带责任。但是，在分立前与债权人就债务清偿达成书面协议另有约定的除外。

第六十一条 本社登记事项发生变更，应及时办理变更登记手续，依法需要办理税务登记变更手续的，同时办理税务登记变更手续。

第六十二条 本社由下列情形之一，经成员（代表）大会决定，报登记机关核准后解散：

（一）因成员退出，本社成员人数少于5人；

（二）本社规定的营业期限届满后不再继续生产经营；

（三）因合并或分立需要解散；

（四）因不可抗力因素致使本社无法继续经营；

（五）依法被吊销营业执照或者被撤销。

第六十三条 本社因前条第三项以外情形解散的，在解散情形发生之日起十五日内，由成员（代表）大会选出10人组成清算组接管本社，开始解散清

算。逾期未能组成清算组时，成员、债权人可以向人民法院申请指定成员组成清算组进行清算。

第六十四条 清算组负责处理与清算有关未了结业务，清理本社的财产和债权、债务，制定清偿方案，并代表本社参与诉讼、仲裁或者其他法律程序。

第六十五条 清算组制定的清偿方案须报成员（代表）大会审议通过。本社没有资产优先支付清算费用后，按下列顺序清偿：

（一）与成员已发生交易所欠款项；

（二）所欠职员工资报酬及社会保险费用；

（三）所欠税款；

（四）所欠债务；

（五）归还成员出资；

（六）按成员（代表）大会决议分配剩余财产。

第六十六条 本社清算完毕后，于 10 日内向成员公布清算情况，并向原登记机关申请注销。本社财产不足以清偿债务时，依法向人民法院申请破产。

第七章 附 则

第六十七条 本章程由成员（代表）大会表决通过，全体设立人签字后生效。

第六十八条 修改本章程，须经理事会或者半数以上成员（代表）提出，理事会负责修订，成员（代表）大会讨论通过后实施。

第六十九条 本章程内容与法律法规不一致的，依照有关法律法规修改。

第七十条 本章程由本社理事会负责解释。

附件 2：

仁发现代农业农机专业合作社合作社相关制度

第一部分 成员大会、理事会、监事会职权

成员（代表）大会职能

1. 审议、修改本社章程和各项规章制度；

2. 选举和罢免理事长、理事、执行监事或者监事会成员；

3. 决议成员出资标准及增加或者减少出资；

4. 审议批准本社的发展规划和年度业务经营计划；

5. 审议批准年度财务预算和决算方案；

6. 审议批准年度盈余分配方案、亏损处理方案；

7. 审议批准本社理事会、执行监事会或者监事会提交的年度业务报告；

8. 决定重大财产处置、对外投资、对外担保和生产经营活动中的其他重大事项；

9. 对有关本社的合并、分立、解散、清算和对外联合等作出决议；

10. 决定聘用经营管理人员和专业技术人员的数量、资格、报酬和任期；

11. 听取理事长或理事会关于成员变动情况的报告；

12. 讨论决定其他重大事项。

理 事 会 职 能

理事会是本社的执行机构，理事由成员大会选举产生。

1. 组织召开成员（代表）大会，执行成员（代表）大会决议；

2. 制定本社发展规划、年度生产经营计划、内部管理规章制度等，提交成员（代表）大会通过，并组织实施本社的各项工作任务；

3. 制定年度财务预决算、盈余分配和亏损弥补等方案，提交成员（代表）大会审议；

4. 组织开展成员培训和各种协作活动；

5. 管理本社的财务与财产，保障本社的财产安全；

6. 接受、答复、处理执行监事或理事会提出的有关质询和建议；

7. 聘用或解聘本社经理、财务会计和其他工作人员；

8. 决定成员出资标准；

9. 审议批准本社理事会、监事会提交的年度业务报告；

10. 履行成员（代表）大会授予的其他职责。

监 事 会 职 能

1. 监督理事会对成员（代表）大会决议和本社章程的执行情况；

2. 监督检查本社的生产经营业务情况，负责本社财务审核监察工作；

3. 监督理事会或理事会成员和经理履行情况；

4. 向成员（代表）大会做年度监察报告；

5. 向理事长或理事会提出质询和改进工作的建议；

6. 提议召开临时成员（代表）大会；

7. 代表本社负责记录理事与本社发生的作业量或交易量（额）情况；

8. 履行成员（代表）大会授予的其他职责。

第二部分　各职各类人员职责

理 事 长 职 责

理事长为本社的法定代表人。理事长行使下列职权：

1. 主持成员（代表）大会，召集并主持理事会会议；

2. 签署本社成员出资证明；

3. 签署聘任或者解聘本社经营管理负责人、财务会计和其他人员聘书；

4. 组织实施成员（代表）大会和理事会决议，检查决议实施情况；

5. 代表本社签订合同等。

经 理 职 责

本社经理由理事会聘任或解聘，对理事会负责，行使下列职权：

1. 主持本社的生产经营工作，组织实施理事会决议；

2. 组织实施年度生产经营计划和投资方案；

3. 拟定经营管理制度；

4. 提请聘任或解聘财务会计人员和其他经营管理人员；

5. 聘任或解聘除应由理事会聘任或解聘之外的其他工作人员。

副经理（农机）岗位职责

1. 负责合作社机务管理、驾驶员管理；

2. 组织驾驶员开展业务知识培训工作，因地制宜选择适合本地特点的新型农机具应用于生产；

3. 给经理当好参谋，对农业生产提出合理化建议；

4. 按照生产规划的统一安排，合理调配机车作业，并对作业质量进行监督检查；

5. 按照机车保养周期的要求，监督驾驶员及时对机车进行维护保养，并对检修后的机车进行质量验收，确保机车检修标准；

6. 定期对驾驶员进行安全教育，强化安全措施。

会 计 岗 位 职 责

1. 掌握《会计法》及有关财经政策，结合本单位实际情况，制定出适合本社科学化管理的制度及具体办法、措施，作为财务活动规范和会计核算的依据，使本社财务与会计工作有章可循，有法可依；

2. 严肃财经纪律，认真执行《会计法》遵守财务制度，坚持原则，做到廉洁奉公、敢于同违法乱纪作斗争，认真搞好本职工作和领导交给的各项工作任务，让领导满意放心。

3. 做好会计凭证的审核工作，复核原始凭证的合法性、真实性、准确性；

4. 加强固定资产的管理，按固定资产的类别、使用部门和每项固定资产进行明细核算。

出纳员岗位职责

1. 严格按照国务院的《现金管理暂行条例》的规定，合理使用现金；

2. 合作社支出的票据必须三章俱全，出纳员方可报销；

3. 出纳员库存不准留有现金，资金当日存储，不准公款私存，一经发现，严肃处理。

4. 保管好现金、支票，保证资金的安全。

材料员岗位职责

1. 材料员要认真执行零件库的管理制度，保持库内外的整洁，材料员应准确及时做好零件长期短期计划，主动热情服务；

2. 严格执行零件、物料领发制度，做到账物相符，货签齐全，查找方便，分类存放，并做到防腐、防锈、防变、防丢失等项工作，确保零配件原料的完成；

3. 掌握零配件的消耗定额，根据具体规定，做好备件的贮存发放工作，入库零件，物料要认真进行质量验收，对不符合规格和要求的应退回，凡是有修复价值的零配件应修复留用不准上交；

4. 认真执行安全防火制度，杜绝一切事故的发生。

驾驶员岗位职责

1. 热爱农机事业，事业心强；

2. 作业时必须遵守农机安全生产条例；

3. 服从机务责任人的工作安排；

4. 工作时要穿好三紧工作服；

5. 严禁带病、酒后驾驶机车；

6. 作业时，必须持证上岗，专车专驾；

7. 做好机车日常保养维护工作，使机车经常保持"五净""四不漏""六封闭、一完好"状态；

8. 机车田间作业必须达到省农业机械田间作业质量标准，严格执行合作社提供的《农机具田间作业操作程序示意图》的规定，规范作业；

9. 认真填写当日作业验工单，及时交给会计室保管，秋后结算；

10. 未经机务经理批准，不得擅自驾车干私活。违者，一次扣罚当事人工资 200 元；

11. 在合作社院内干零活时，当日要严格履行谁驾车谁签领油料手续。经机务经理批准，在院外干零活时，当班驾驶员要按《农机具干零活收费标准》填写作业验工单，连同收取的作业费，于当日一并交给会计室结账。违者，一次扣罚当事人工资 200 元。

农具手岗位职责

1. 认真遵守农机具操作规程，主动询问并熟记掌握作业事项，听从车组长和驾驶员指挥，与驾驶员搞好配合；

2. 保证作业质量，经常检查农具工作情况；

3. 坚持跟车作业，保证自身安全。作业前要认真检查与机手联系信号是否正常，保持与驾驶员信息联络，不准擅自离岗；

4. 工作时，要穿好三紧工作服随车作业；

5. 在规定的位置上，按要求作业，其他位置不准坐（站）人；

6. 悬挂或农具升降时，不准坐（站）人。升起后，不准在其下面除泥土、杂草等，或进行保养、调整及排除故障；

7. 机具作业时，不准用手、脚清除农具上的泥土、杂草，必要时应在停车和切断动力后用专用工具清理；

8. 机具上不准堆放物品。严禁在机具上睡觉；

9. 在特殊作业时要戴好防护面具。

质量监督员岗位职责

1. 认真负责，严格监督，全程检查；

2. 质量监督员必须掌握作业规程和操作标准；

3. 佩戴标志，跟车作业，发现问题，及时纠正；

4. 及时向领导反映群众意见，为乡村领导和车组长当好参谋；

5. 不准离岗、有事请假。

场区管理员职责

1. 场区管理员负责场、库设施的管理工作，保持整洁；

2. 农业机械入场、库长期停放和离场、库参加作业时场区管理员要同车组人员办理交接手续；

3. 对进入场、库内长期停放保管的农业机械，严格执行停放标准要求，并按图分区有摆放；

4. 严禁无关车辆和人员进入场区，任何人不准随意拆卸机具配件。

场区保安人员岗位职责

1. 全面负责场、库、棚三防（防水、防火、防盗）；

2. 对进入场区的外来人员，认真登记，禁止无关人员进入场区；

3. 为场区正常工作提供保障、安全保卫等工作；

4. 值班期间发生任何事故妥善处置、及时上报。

油料保管员岗位职责

1. 负责油库的设备安全、正常运转和维护保养工作。严格按规定做好油料的领发、保管、结算、登记等各项工作；

2. 按规定做好油料的净化工作，对进库燃油必须达到三级过滤，二级沉淀，浮子取油，缓冲卸油，达到沉淀48小时，没有经过净化的油料不准发放；

3. 严格各种油料的领发制度，督促机车按号保养，按时加油，标准计量，做到账物清楚，公平合理；

4. 油料员熟练掌握防火设备的使用。装卸油品时不得抛掷和撞击；

5. 按时上报申请用油计划，及时结算本单位的油料耗存情况。

第三部分　机务管理各项制度

机务管理制度

一、建立健全机务人员的岗位责任制，实行机务经理、技术员、机车车长、驾驶员、农具手层层岗位责任制。

二、推行"五定一奖惩"承包责任制。即：定人员、定机具、定任务、定油耗、定报酬。完成工作指标，合作社颁发综合奖，完不成工作指标予以处罚。

1. 定人员。按照《驾驶员岗位职责》标准，聘任驾驶员和农具手，具体由机务副经理负责日常工作管理。

2. 定机具。合作社将所有机具配套后，通过抓阄，承包至每个车组，合作社与其签订承包协议书。

3. 定任务。按车组划分作业区，量化指标，落实工作任务。

4. 定油耗。按照《单车核算办法》第四条之规定执行。

5. 定报酬。按照《单车核算办法》第五条之规定执行。

三、合作社按要求建立农机具技术档案。

四、农机具的驾驶操作，严格按照《黑龙江省农业机械安全操作规则》执行。每个作业组的驾驶员，在具体作业时，要严格按照合作社年初制定的《农机具田间作业程序示意图》进行操作。否则，一经发现违反程序私自作业的，处罚当事人200元。

五、按保养周期要求，及时对农机具进行维修和保养，使农业机械常年达到"三不漏、四净、五良好"的技术状态。

六、在农机具保管上，做到机具必须停放在合作社院内的指定地点，做到洁净、排列整齐、涂好、垫好。零配件做到库内"分、摆、悬、装、清"。

机车维护保养制度

一、动力机械必须按技术保养规程，定期进行技术保养，保养结束后，必须经技术员验收合格，方可参与作业。

二、动力机械必须保证其工作条件符合技术要求，不准在不良条件下长期超负荷工作。违者，每人每次扣罚工资200元。

三、机车作业前必须进行班次保养，确认全部完成后方可进行作业。

四、机车不准带病工作，发现机车工作簿正常，立即停止工作，防止发生机械事故。

五、无可靠取暖设备，冬季要放水。

零件库管理制度

一、零件库材料要有专人负责管理。订货前由合作社派专人到指定商店购买零件数量及质量，以保证零件的供应。

二、零件库保管员要做好零件的出入库手续，实行账目管理，年终与车组结算。

三、库内要通气良好，地面清洁干燥。所有零件、原材料、附件都要定区、定位、定架、定箱，清洁整齐摆放。

四、定期维修。做到经常检查、经常整理、经常涂油、不潮湿、不腐蚀、不锈、不变形、不丢失。

五、建立账目、零件器材卡片。严格执行领发、登记手续，做到账务相符。

六、库内严禁吸烟、严禁烟火，灭火工具齐备。

产品物资及农机具零配件出入库制度

一、实行产品物资及农机具零配件记账制度。会计和保管员要分别建立产品物资和农机具零配件账目，实行日清月结，相互制约。

二、强化入库手续，严格执行入库单制度。经办人在购入产品物资及农机具零配件后，必须到保管员处核实登记，开具产品物资及农机具零配件入库单、签字、盖章、记账。经办人将入库单和原始单据一并交理事长签字，到现金员报销。保管员必须在 2 日内要将入库的单据交给会计入账。会计和保管员要做到账账相符、账物相符。不能及时入库的物资和直接装配到农机具上的零配件，事后经办人必须到保管员处开具出入库单，待查证核实后，方可入账。

三、强化出库手续，严格执行出库单制度。经办人领取产品物资或农机具零配件时，要如实填写出库单、签字、盖章，保管员必须将出库的产品物资或农机具零配件及时入账。年终会计室与车组结账。

修理间管理制度

一、按时保证完成各项修理、改装任务，随到随修。

二、修理人员要做到防火工作，不得违章作业。保养间和修理间必须有灭火器和沙箱、防火工具，并经常检查。

三、各种维修设备都要有安全防护装置。

四、修理设备齐全清洁，保持完好状态、丢失按原价的 150％予以赔偿。

五、修理制度上墙，修理完毕后，实行签字手续，严禁干私活。

六、坚持车组随叫随到的原则，专职维修人员要严格执行先行在保管员取货，维修完毕后，维修人员要据实出具维修报告单，经车组签字后，交会计室秋后结账。剩余的零部件，于当日上交保管员管理。

单 车 核 算 办 法

一、对每台车实行划分作业区、单车承包核算，自负盈亏。

二、每台机车配备机具齐全。

三、210～350 马力的机车年度作业总量为 14 000 标准亩，每亩提取 1.20

元为驾驶员工资，超过 14 000 标准亩的，超额部分每亩提取 1.40 元作为驾驶员奖励工资；低于 14 000 标准亩的，按低于部分每亩 1.00 元提取扣发驾驶员工资。

四、合作社指定加油站，统一组织购进油料。油料费按标准亩实际耗油（含付油）量确定车组供油指标，安排专车免费送至每个车组作业的地块。车组出具油料接收单，年终结算。结余金额全部归车组所有；超额部分由车组自负。

五、修理费。进口车具每标准亩作业量，合作社支付车组 0.20 元修理费；国产车具每标准亩作业量，合作社支付车组 0.40 元修理费。超支部分车组自付；结余部分归车组所有。

六、机具状态常年达到标准，经检查合格的，年终一次奖励车组 5 000 元。检查不合格的，每次罚车组 1 000 元。

七、合作社供应的主油、付油出现问题造成机械故障及损失，由合作社负责。

八、合作社负责各车组驾驶员保险金的缴纳。如出现人为事故，车组负责 80％的经济赔偿，合作社负责 20％的经济赔偿。

九、机具管理费、折旧费等费用，年终均由合作社在作业总收入中按标准亩提取。

机 车 管 理 制 度

一、严格执行机务经理具体主管农机具的规章制度。机车要定位停放，要有专人管理。保持门窗完整，库内外清洁有序。

二、出入库必须由驾驶员驾驶，禁止非驾驶员开车。发现一例，罚车组组长 1 000 元，当班驾驶员 500 元。

三、库内灭火器材配备齐全，性能良好。

四、库内禁止用明火烤车或照明。发现一例，罚车组组长 1 000 元，当班驾驶员 500 元。

五、车头朝车库门的方向停放，以便车头随时出库。

六、停车后关好门窗、切断电源。违者，罚车组组长 500 元，当班驾驶员 300 元。

七、严格执行农机具干零活收费标准。入社成员家庭如需要使用大型农机具的，每台每次向合作社支付费用 300～500 元；非入社成员家庭如需要使用大型农机具的，每台每次向合作社支付费用 800～1 000 元。入社成员家庭如需要使用小四轮车的，每台每次向合作社支付费用 50～200 元；非入社成员家庭如需要使用小四轮车的，每台每次向合作社支付费用200～300元。

八、如用户不按标准支付费用的，由联系人自行现金支付。

农具场管理制度十字方针

一、全：所有农业机械作业期结束后，全部停入停放场。

二、齐：入场机具分类、按序整齐摆放。

三、净：入场机具要清理干净。

四、垫：入场机具要统一支垫，并要牢固，离开地面5～8cm。

五、涂：所有农机具作业面都必须涂油，所有入库链条都必须用油浸封。

六、松：所有农机具的压力、拉力弹簧、弹板、皮带等均要在放松状态，避免疲劳。

七、卸：所有农机具应卸下入库保管的必须入库保管。

八、封：所有入场农机具的油、水及精密件和其他敞口处必须封包，对不能入库保存的橡胶件也应封包。如轮胎、驾驶室、发动机等。

九、美：所有入场机具要达到一个整体和谐美的感觉。如农具场内由小到大、由浅入深、由低到高，一眼望全。

十、好：所有入场入库机械"整机状态完好"。

农 具 维 修 制 度

一、各种农机具作业前必须进行调整和维修。经验收合格后，方可投入作业。

二、农具已经使用后，工作部件达不到规定标准，必须做到随时损坏随时进行维护修理，恢复其原有状态后方可继续作业。

三、每个阶段作业结束后，必须进行一次彻底的维修，达到完好状态。

四、对达不到技术要求，验收不合格的农具，不安排作业。

五、凡入场库的农具，必须达到完好的技术状态，并涂油垫起。否则，不准入场入库。

第四部分　生产管理制度

生 产 管 理 办 法

一、在生产管理上，因地制宜实行"六统一"模式，即：统一轮作、统一整地、统一播种、统一田间管理、统一收获、统一销售。

二、在农机作业管理上，实行"五统一"的办法。即：统一调动机车；统一作业质量标准；统一检查验收；统一收费、结算机耕费；统一供油、供件。

三、在作物种植上，实施农机农艺相结合的科学栽培技术。

四、在耕作制度上，采用"松、免、浅"相结合的土壤保护性耕作制度。

农机人员培训制度

一、合作社按时组织驾驶、操作人员参加省市县举办的农机培训和专业培训。

二、每年在农闲季节自办两次农机技术学习班，聘请动农机理论和技术的人员授课。

三、每季进行一次政治学习，了解和掌握党在农村的各项方针政策。

四、农机具在每开展作业前，由合作社定期或不定期统一组织现场观摩技能竞赛活动。利用现身说法，提高驾驶、操作人员的业务技能和服务水平，现场评比，现场兑现奖金。

五、秋季进行一次田间博览，请农业技术员讲授科学种田的知识，促进农机农艺相结合。

值班值宿制度

一、值班值宿人员要牢固树立安全意识和自我保护意识，做好安全防火、防盗工作。

二、按值班值宿轮流表要求上下班，做到不漏岗、不离岗，遵守工作制度，同时做好交接班记录。

三、值班值宿人员禁止在室内用火、用电取暖做饭，禁止使用电炉子、电褥子，禁止躺在床上吸烟。

四、值班值宿人员禁止聚众玩牌、酗酒，禁止不文明行为和违法活动。

五、协助更夫看管场库内各项资产，坚持经常巡视。

六、发现问题及时报告，坚持杜绝瞒报、漏报现象发生。

安全教育制度

一、建立日常和定期安全教育计划，技术教育与安全教育结合进行，使每个工作人员明确安全生产的重要性，安全教育必须贯穿余生产全过程。

二、每项作业和每个作业季节开始前，应对全体机务、驾驶、操作、修理人员进行有关作业的技术安全教育，传授安全知识和操作规程，吸取经验教训，预防事故发生并随时进行监督。没有参加安全教育的人，不准参加作业。

三、使用新机具及采用新工艺时，应结合新机具的构造性能，工艺特点，详细阅读使用说明书，熟悉"三保"手册，掌握使用要求和安全技术后方可进行试车，待全机组人员均能熟悉操作后，方能正式投入作业。

四、在阶段作业和年度工作总结时，要总结安全生产的贯彻执行情况。

五、载生产中要注意发现事故的隐患，及时采取措施予以处置。出现事故后，要围绕现场及时分析事故原因，总结经验教训。每个作业机组，都要确定安全员。安全员随时监督机组认真执行安全生产规程和协助车长搞好安全生产。

六、对违反安全教育制度的责任人要给予 500 元的处罚。

安 全 防 火 制 度

一、建立健全安全防火组织机构，制定安全防火措施，加强防火教育，提高防火意识。

二、车库、油料库、修理车间、零件库都要建立各自的安全防火制度。

（一）车库安全防火制度

1. 建立健全安全防火组织机构，制定安全防火措施，加强防火教育，提高防火意识。

2. 车库内严禁烟火，除车油箱外，任何人不得将汽油、柴油带入库内。违者每人每次罚款 100 元。

3. 如有特殊需要汽油的情况，须经领导同意后，在离车库较远的地方由专人负责并配备灭火工具。否则，出现后果当事人自负。

4. 不准用汽油刷车，违者后果自负。

5. 各车库必须配有灭火器、防火沙箱，及时检查、修理，登记造册，并有专人负责灭火器定期更换。

6. 灭火设备配齐后，每半年检查一次。如有丢失、损坏者，按原价赔偿。车库内公共灭火器，在没有火警的情况下，任何人不准乱动。否则一经发现，每人每次罚款 50 元。

7. 任何人未经允许不得在车库内私接电线和电源开关（工作期间除外），各种用电工具必须配有插座，安全可靠，用电时需两人以上同时作业，注意节约用电，做到人走灯灭，并及时切断所有电源。否则，出现后果由当事人自负。

8. 禁止堆放杂物及存放私人物品。

（二）油料库安全防护制度

1. 油库内严禁吸烟，油库周围严禁用火。违者，每人每次罚款 100 元。

2. 库内灭火工具不准随意乱动，保持完好状态。

3. 要保护好室内外清洁卫生，不准堆放其他易燃物。违者，罚款 100 元。

4. 油库周围不准长时间停放车辆。违者，每台每次罚款 200 元。

5. 油库 50 米内，严禁动用烟火。违者，每人每次罚款 100 元。

6. 进入油库加油的车辆，必须熄火加油。违者，每人每次罚款 200 元。

7. 油料员时刻注意安全，及时消除各种不安全隐患。

（三）修理间防火制度

1. 自觉遵守各项安全防火制度，不违章作业，并劝阻他人的违章行为。

2. 爱护和正确操作机械、电气设备，正确使用工具和个人防护用品。

3. 对本岗位的安全防火设备，经常检查，发现异常及时处理。

4. 加强对防火设备的保养，搞好作业场所的安全防火工作。

（四）零件库安全防火制度

1. 零件库内严禁吸烟，严禁用火。违者，每人每次罚款 50 元。

2. 灭火工具齐全，不准挪作他用。

3. 保持库内外卫生，不准堆放其他易燃物。违者，每人每次罚款 100 元。

4. 库周围 50 米内不准堆放柴草。

5. 安全责任人要时刻注意安全，消灭隐患，减少不必要的损失。

三、建立健全安全防火奖励制度。对安全防火有功人员，合作社每人每年奖励 1 000 元。如出现问题，对当事人及主管领导追究相应的责任。

聘用人员公示制度

一、合作社结合实际，并经理事会集体讨论通过，按职位公开招聘经理、副经理、财务和值班人员。按需要公开招聘机务管理、驾驶员、操作员和农业机械修理人员。

二、经理要具有高中以上学历，5 年以上农业机械管理经验，有较强的组织协调能力和较强的事业心、责任感。

三、技术人员要具有 10 年以上的实践经验，达到"三懂四会"（懂机械构造、懂机务章程、懂农业生产技术，会操作、会保养、会排除故障、会机械化生产作业）。

四、聘用人员采取公开竞聘和缴纳个人责任风险抵押的方式上岗，在理事会讨论同意后，要进行公示。

五、公示期为 7 天，在公示期如存在异议，待调查核实后取消其上岗资格。

接收新成员入社制度

1. 凡是本乡村民以土地要求加入合作社新成员的农户，本人必须向合作社理事会提交书面申请，经监事会审核，报理事会批准后，方可接收为本社的新成员。并由合作社负责登记造册。

2. 新成员必须认真遵守合作社的《章程》以及各项规章制度，享有与原成员平等的权利和义务。否则，合作社理事会有权单方取消其入社资格，由此造成的一切经济损失，由入社新成员自负。

3. 会计室工作人员要与申请加入的新成员接洽，并以所在村的土地台账为依据，调查核实该农户土地座落、面积情况后，代表合作社与其签订《土地入社合同书》。同时，将本人申请书和《土地入社合同书》一并存入档案。

4. 新成员必须听从合作社理事会的指挥，及时参加各种会议。

年终考评奖惩制度

一、合作社员工实行全员聘用制，年终组织考评。

二、对员工的考评工作由县总社监督，经理主持，全体员工参加。

三、考评采取评议、平时表现记录、谈话、推荐和无记名投票、确定等次等方式进行。

四、考评按百分制计算。经考评总分在 90 分以上（含 90 分）者，为优秀，嘉奖 2 000 元；80 分以上（含 80 分）者，为合格，嘉奖 1 000 元；70 分以上（含 70 分）者，为基本合格，嘉奖 500 元；60 分以下（含 60 分）者，为不合格。

五、年度考评中被评为不合格者，视情况对其作出是否继续留用决定。连续 2 年被评为不合格者，合作社予以解聘。

六、在年度各阶段工作中，如出现问题且受到处罚的，年终可以参加考评，工作业绩突出、贡献较大的可评为优秀。

年度工作报告制度

一、合作社的年度工作规划和年终工作总结，由经理提交全体股东大会讨论通过后，在全体员工参加的大会上报告工作。会议结束后，分别报送县农机总社和县农经总站备案。

二、合作社重大事项，须经理事会讨论和审议，待修改和完善后，作出决定。

三、工作发生的重大问题，由理事会讨论后，并经监事会讨论同意，对具体责任人提出辞退、降职、罚款或包赔等决定，形成书面材料后，报送县农机总社备案。

四、对工作成绩突出的人员，有理事会讨论通过，并经监事会讨论同意，予以提职或现金、物资奖励。

五、合作社的年度工作报告在审议通过后，要以书面形式上报县农机总社和县农经总站。

第五部分　财务管理制度

财务管理制度

一、合作社的财务管理及核算应认真执行《会计法》及《中华人民共和国专业合作社发》的有关规定，严格执行国家方针、政策、履行财务制度。

二、财务人员应按合作社的会计核算制度足额提取各项成本进行核算。

三、严格执行财务审批制度，支出额在 1 000 元以内的，有理事长一人签批；1 000 元以上不含 1 000 元的，由理事会讨论决定。

四、合作社必须建立固定资产折旧制度，足额提取机车装备折旧，并专户存储。

五、编制全年财务收支计划，做好财务分析，搞好财务核算，合理利用资金，及时准备真实编制各种财务报表。合理利用各种会计资料，分析财务计划的执行情况，考核资金使用效果，及时总结财务管理各种中的经验教训，向领导提出合理化建议。

核　算　制　度

一、合作社采取车组承包、单产核算、两费包干、四费上缴、节约分成奖励的核算管理办法。

二、国投机械严格按照要求每年提取折旧费，占年机械总收入的 27%，实行专户储存、专款专用。

三、凡是入股成员，无论以现金或土地（每亩土地年初统一标准作价）入股的，均按 50 元计算，为 1 个股。

四、合作社年纯利润，除按年度纯收入的 50% 提取再生产基金外，剩余的 50% 部分，作为分红总金额，进行二次分配。其中第一次分红：国投部分和合作社所有股金，参加分配；第二次分红：将国投第一次分红的总额，再按合作社出资的总户数，进行平均分配。上述两次分红之和，即为合作社入股成员年度实际分得的红利。

五、合作社的财务单独设账，做到专人负责。

六、县财政、县农经总站，对合作社的财务进行监督、指导和管理、

七、合作社的财务账目设置和管理要严格按黑龙江省财政厅、黑龙江省农

业委员会黑财会［2003］69号文件执行。

预 算 制 度

一、合作社负责人年初要对作业量进行实地踏查，预计一年内的收入、支出情况，做到心中有数。

二、合作社财务人员，依据踏查的情况实事求是地编制年初预算。包括：资金预算、管理费用预算、财务费用预算、资产购置预算、拖欠资金回收预算、投资效益预算等。

三、合作社人员依据预算情况进行资金、资产运行。

决 算 制 度

一、合作社年终机械作业结束后，组织有关人员及时收取作业费，以验工单为依据入账。

二、对代耕作业的农户，一时交不上的作业费，要记入农户往来账目，以不影响决算的进行。

三、财务人员要及时按照会计科目进行记账，做到收支不满不漏，真正反映合作社的全部情况。

四、及时编制年终会计报表。并及时上报上级有关部门。

审 计 制 度

一、合作社财务人员要对财务管理情况进行自查自纠，发现问题及时纠正。

二、合作社主要负责人，对合作社的财务管理情况，做到心中有数，督促财务人员纠正问题。

三、虚心接受县农经总站对合作社财务工作的审计。同时，合作社的监事会，要不定期的对财务工作进行监督检查。

附件3：

仁发现代农业农机专业合作社土地经营目标化管理协议书

甲方：克山县仁发现代农业农机专业合作社

乙方：土地经营者_____

　　为切实提高粮食单产，增加经济效益，进一步增强管理人员责任心、使命感和爱社如家的全局意识，维护全体成员的整体利益，经合作社理事会和成员代表大会研究决定，2015 年合作社规模经营的土地，一律实行以社为单位，合作社统一深度管理、分片承包经营、目标化考核、绩效奖惩的分配机制。现就有关事宜，甲乙双方自愿达成如下协议：

　　一、乙方承包经营甲方_____村_____社带地入社土地面积_____亩。其中：种植马铃薯_____亩、玉米_____亩、大豆_____亩、水果玉米_____亩、糯玉米_____亩、其他_____亩。

　　二、土地承包经营期为一年，时间从 2015 年 1 月 1 日开始至 2015 年 12 月 31 日结束。

　　三、目标总金额

　　乙方承包经营土地面积_____亩×_____元/亩＝_____元。年终向甲方完成目标总金额人民币_____元整。

　　四、甲乙双方履行的责任

　　（一）甲方责任：

　　1. 年初负责对乙方承包经营的土地，按政策规定出资加入农业保险，以防止自然灾害造成减产。

　　2. 负责提供种子、化肥、农药和资金等农用物资及大型农机具的服务。种子、化肥和农药品种由甲乙双方商定，价格低于市场销售价格，不计利息。否则，乙方有权自行在市场上组织购进。

　　3. 秋后负责回收乙方交售的农产品。在以质论价的基础上，玉米收购价格每市斤潮粮高出市场价格 0.02 元/市斤组织收购。如发现乙方种植的玉米外销情况时，甲方除有权取消乙方次年承包经营权资格，还要追缴乙方当年目标金额上浮 10％的违约金。大豆由合作社统一组织销售，标准水份达到 13％、杂质 1％、过筛，价格按国家目标价格计算。否则，合作社有权拒收。其他杂粮甲方可按市场价格收购。在完成当年上缴目标总额的基础上，乙方有权自行销售。

　　（二）乙方责任：

　　1. 自愿对目标总额_____元，利用土地_____亩作为抵押担保。抵押期限为 5 年，时间从 2015 年 1 月 1 日至 2019 年 12 月 31 日止（抵押名单附后）。

　　（1）乙方出具的目标总额欠据（不计利息）和土地抵押担保手续一并存档，作为甲乙双方年终兑现本协议的依据。

　　（2）年终生产的玉米 100％地交售给甲方烘干。未经甲方同意，私自销售玉米，自愿承担目标额上浮 10％的违约金，并计入年目标总额。

2. 在承包经营期内，必保使用甲方提供大型农机具，执行统一的大型农机作业收费标准。

（1）无条件服从甲方指定的农机具和作业驾驶员。

（2）经甲乙双方商定后，有权对承包经营的低洼易涝和小地块自行使用小四轮。未经许可，自愿向甲方支付该地块的大型农机作业机耕费。

（3）乙方无条件的执行甲方指定马铃薯和水果（糯）玉米及绿色有机食品等作物的地块播种计划安排。如本人承包经营，其产品销售时，享受甲方订单农业的待遇。随着市场的发展，经济效益的提高，该地块除按每亩现有入社地利的最高档次计算目标价格，还必须向甲方缴纳 200 元/亩的效益款。如乙方自愿放弃，甲方可另行确定他人经营，但乙方享受每亩最高档次目标价格的经济补偿款。

（4）在秋整地上，乙方 2014 年春季种的啥茬，到 2015 年秋留啥茬。但由于甲方播种计划的调整，乙方享有 2014 年秋季未整地 30 元/亩机耕费的补贴权利。

（5）乙方自行选择农业技术员，严格执行标准的亩用量。技术人员工资自负。

3. 未经甲方同意，协议期内，无权另行转让土地承包经营权。

五、年终兑现合同时，甲方按照承包经营者实际交售农产品的金额，扣除土地目标总额、在甲方借用的种子、化肥、农药和资金等经营成本后，节约全额归乙方。在自然风险的把控上，甲方根据农业生产经营情况的统一权衡，确属自然灾害因素造成乙方农作物减产的，甲方可按收成比例，降低收取目标总额标准。

以上条款，未尽事宜，由甲乙双方共同协商解决。望甲乙双方共同自觉遵守，不得违约。否则，由违约方负责一切责任。

此协议一式二份，甲乙双方各执一份，自双方签字之日起生效。

甲方：克山县仁发现代农业农机专业合作社（章）

法人代表：李凤玉

乙方：土地经营者

二〇一四年十二月二十五日

附件4：

仁发现代农业农机专业合作社农机具整体目标化管理协议书

甲方：克山县仁发现代农业农机专业合作社

乙方：农机具承包人_____

为进一步强化农机具的管理和使用，确保农机具良好状态、提高利用率、增加经济效益，维护全体成员的整体利益，经合作社理事会和成员代表大会研究决定，2015年合作社农机具实行整体化目标管理，经甲乙双方协商达成如下协议：

一、甲方将合作社的农机具（不含凯斯435、凯斯335、约翰迪尔9330和纽荷兰青贮机各一台）整体承包至乙方使用。承包期为五年，时间从2015年1月1日开始至2019年12月31日结束。每年承包费壹佰伍拾万元整。乙方用自家和其他农户入社土地及抵押物予以担保，抵押担保总额达到壹佰万元整为止。其中：每亩土地作价500元，抵押期限为5年，时间从2015年1月1日至2019年12月31日止。每年在12月末前，乙方用机耕费做单结算承包费。

二、甲方要对乙方承包使用的农机具登记造册，注明农机具状态。每年度合同终止时，甲方逐车逐具的状态予以检查验收。达不到状态的，乙方负责检修，费用自理。

三、甲方必须保证乙方将合作社所有的能用大机械作业的地块。否则，予以乙方经济补偿。

四、乙方必须保证甲方从种到收整个环节的大机械作业，做到及时到位，达到作业标准要求。因作业不利造成经济损失，特别是播种深浅、株距大小、覆土薄厚、缺苗断空以及三角播等造成损失的，乙方自负。在保证甲方作业的前提下，可对外作业。否则，乙方予以经济补偿（自然灾害除外）。如根据农时需要满足不了合作社土地承包经营者需求，乙方自愿支付机耕费。

五、乙方在经营过程中缺少资金时，甲方负责提供贷款，乙方负责支付贷款利息。

六、乙方的作业收费标准，必须严格执行甲乙双方共同商定的价格标准，坚决杜绝超标收费现象的发生。否则，甲方有权拒绝支付机耕费。

七、协议期内，乙方经营过程中，必须严格执行"单车核算制度"。在甲方的建议下，做到车、具落实到人、作业地块落实到车。

八、乙方必须在甲方和主管部门的监督下，做好合作社院内卫生，科学摆放农机具，达到上级要求的标准。否则，甲方另行雇佣人员进行整改，费用乙方自理。

九、乙方在农机具的管理上，必须做到"三不漏""四净""一完好"。驾驶员当天作业完成后，在地头把机具清理干净，严禁将杂物和泥土带进合作社院内或院外的路上。甲方要定期检查和监督，一经发现，处以当事人每台机具不低于 300 元的罚款。

十、强化和提升安全意识。乙方在承包经营过程中，每名驾驶员作业时要安全操作，确保人身安全。并自费给驾驶员投保一份人身保险。要加强农机具和场库棚的安全防火及防盗工作的管理。灭火器材和工具必须摆放到指定地点。否则，造成经济损失，由乙方自负。

以上条款，未尽事宜，由甲乙双方共同协商解决。望甲乙双方共同自觉遵守，不得违约。否则，由违约方负责一切责任。

此协议一式二份，甲乙双方各执一份，自双方签字之日起生效。

甲方：克山县仁发现代农业农机专业合作社（章）

　　法人代表：李凤玉

乙方：农机具承包人

二〇一四年十二月三十一日

附件 5：

仁发现代农业农机专业合作社农机具作业单车核算使用协议书

甲方：克山县_____现代农业农机专业合作社

乙方：机具承包作业驾驶员

为强化合作社农机具管理，实行"单车核算、费用包干、超支自负、利润分成"的工作和利益分配制度，经甲乙双方共同协商，甲方将机车（型号：_____）一台及农具、收割机（型号：_____）一台和_____一台承包给乙方使用。现就有关事宜，达成如下协议：

一、农机具承包作业使用期为一年（时间从 201_____年_____月 1 日开始至 201_____年 12 月 30 日结束）。

二、承包期内，乙方必须遵守《仁发农机合作社机务管理各项制度》。机具田间作业时，严格按照《黑龙江省农业机械安全操作规则》和《仁发农机合作社农机具田间作业操作程序示意图》规范作业，达到《黑龙江省农业机械田间作业质量标准》要求，认真填写当日《机车作业交工单》，接受甲方委派的作业质检员的监督和检查。待完成本作业区工作任务后，由机务经理调配指挥，方可跨区作业。

三、单车核算各项工作指标

全年作业量_____标亩；主油金额_____元；副油金额_____元；修理费_____元。

四、考核内容、核算标准和奖惩办法

1. 乙方完成 1.4 万标亩作业指标，年保底工资 20 000 元。

2. 作业量考核。甲方按乙方承包使用的车型确定年内作业量，根据实际完成作业量的考核情况定奖惩。超额完成作业量指标，超额部分按 1.40 元/标亩提取，奖励乙方。未完成作业量指标，低于部分按 1.00 元/标亩提取扣发乙方工资。对外代耕作业乙方挣工资 3 元/标亩。

3. 主副油指标考核。甲方按乙方承包使用的车型及作业量确定主副油使用指标。主油使用量按 0.8 千克/标亩计算现金考核指标。副油使用量按主油考核指标的 2% 计算现金指标。甲方统一购进油料，委派专人专车免费送至乙方作业的地块。乙方出具油料接收单，年终结算。最后按乙方年内实际用油总金额的考核情况定奖惩。超出规定指标的，超出部分按 40% 提取扣发乙方工资；结余使用指标的，结余部分按 60% 提取奖励乙方。

4. 修理费指标考核。甲方按乙方作业量收入进口车为 2%、国产车为 4%，确定机具修理费指标。甲方根据乙方的实际需求，设专人组织购进机具零部件，并交保管员履行手续后，据实发放，实行满奖满惩。年内修理费超支部分全额扣发乙方保底工资；结余部分全额奖励乙方。

5. 安全管理及生产，奖金 1 500 元。

（1）工作期间，乙方要牢固树立安全意识，身着工作服、持证上岗，专车专驾。严禁机具带病作业、酒后驾车。按机车保养周期的要求，主动做好机具日常保养维护工作，机车经常保持"五净""四不漏""六封闭""一完好"状态。

（2）指定地点停放。当天完成作业后，机具要按照甲方指定地点予以停放。阶段性工作完成后，机具必须停放在合作社院内的指定地点，做到洁净、排列整齐、涂好、垫好，院内场地不得滴油。机具进院不带土或杂草等造脏物。否则，处当事人 200 元/次以上的罚款。

（3）承包期内，甲方出资为乙方缴纳人身意外伤害保险一份。如乙方出现重大事故时，经鉴定为乙方人为发生的，医疗费自负，并取消乙方年内奖金发放资格。

6. 特殊贡献奖，奖金500～2 500元。此奖项主要用于乙方对合作社机械管理和使用及经济效益贡献较大、业务技能娴熟、新技术和新事物接收消化较快，视年终综合性考核评比结果而定。

7. 承包期结束时，甲方对乙方承包使用的机具状态进行检查验收，必须达到原状态。否则，按受损程度扣发乙方工资。

此协议望甲乙双方自觉遵守，不得违约。否则，由违约方负责一切经济责任。

此协议一式二页二份。甲乙双方各执一份，自双方签字之日起生效，有效期为一年。

甲方：克山县＿＿＿＿＿＿现代农业农机专业合作社（章）

法人代表：　　　　　　　　　　　　　　机务经理：

质 检 员：

乙方：＿＿＿＿＿＿（字）

二〇一四年五月一日

附件 6:

克山县仁发现代农业农机专业合作社
仁发现代农业农机专业合作社 2011 年合作社盈余分配表

2011 年 12 月 31 日

单位：亩、元、%

序号	成员姓名	总盈余	1. 支付成员入社土地保底金			结保盈余分配金额	参与分配资金总额	2. 按国投资产总额、成员入社土地保底金总额、入社现金总额和上年结转公积金进行分配	具体每项参与分红								按50%提取金额	成员实领金额
			入社土地面积	每亩保底金	支付入社土地保底金总额				国投资产分红		入社土地保底分红		入社现金分红		上年结转公积金分红			
									金额	分红	金额	分红	金额	分红	金额	分红		
		1	2	3	4	5	6	7	8	9			12	13	14	15	16	17
	合 计	13 421 938	15 000	350	5 250 000	8 171 938	26 223 626	0.311 625 02	12 343 626	3 846 583	5 250 000	1 636 031	8 500 000	2 648 813	130 000	40 511	4 085 969	4 085 969
1	李凤玉	31 639				31 639	101 530	0.311 625 02					100 000	31 163	1 530	477	15 820	15 820
2	张德辉	170 446				170 446	546 958	0.311 625 02	39 311	12 250			500 000	155 813	7 647	2 383	85 223	85 223
3	杨 斌	170 446				170 446	546 958	0.311 625 02	39 311	12 250			500 000	155 813	7 647	2 383	85 223	85 223
4	王新春	170 446				170 446	546 958	0.311 625 02	39 311	12 250			500 000	155 813	7 647	2 383	85 223	85 223
5	王宝君	170 446				170 446	546 958	0.311 625 02	39 311	12 250			500 000	155 813	7 647	2 383	85 223	85 223
6	车跃忠	170 446				170 446	546 958	0.311 625 02	39 311	12 250			500 000	155 813	7 647	2 383	85 223	85 223
7	姆海军	170 446				170 446	546 958	0.311 625 02	39 311	12 250			500 000	155 813	7 647	2 383	85 223	85 223
8	孙永洪	46 221	74.0	350	25 900	20 321	65 211	0.311 625 02	39 311	12 250	25 900	8 071					10 161	10 161
9	孙参力	15 308	6.7	350	2 331	12 977	41 642	0.311 625 02	39 311	12 250	2 331	726					6 488	6 488
10	刘化国	27 400	33.0	350	11 550	15 850	50 861	0.311 625 02	39 311	12 250	11 550	3 599					7 925	7 925
11	……																	

附件7：

仁发现代农业农机专业合作社2013年合作社盈余分配表

序号	成员姓名	盈余总额	占总盈余的74%按成员土地面积分配				股金	公积金	固投量化	占总盈余的26%按成员权益分配				分配合计	提取公积金合计	实领款金额
			入社面积	亩分配额	分配合计	提取公积金(25%)				成员权益合计	每元分配率	分配总额	提取公积金(40%)			
2 436	合　计	53 288 726	50 159	786	39 424 974	9 856 244	8 500 000	12 736 341	20 768 848	42 005 189	0.33	13 863 752	5 545 501	53 288 726	15 401 744	37 886 982
1	李凤玉	47 186					100 000	42 968			0.33	47 186	18 875	47 186	18 875	28 312
2	张德军	242 137					500 000	225 114	8 525.8	142 968	0.33	242 137	96 855	242 137	96 855	145 282
3	杨　斌	242 137					500 000	225 114	8 525.8	733 640	0.33	242 137	96 855	242 137	96 855	145 282
4	王薪春	242 137					500 000	225 114	8 525.8	733 640	0.33	242 137	96 855	242 137	96 855	145 282
5	王宝君	242 137					500 000	225 114	8 525.8	733 640	0.33	242 137	96 855	242 137	96 855	145 282
6	车跃忠	242 137					500 000	225 114	8 525.8	733 640	0.33	242 137	96 855	242 137	96 855	145 282
7	郑海军	242 137					500 000	225 114	8 525.8	733 640	0.33	242 137	96 855	242 137	96 855	145 282
8	孙永洪	67 860	74	786	58 164	14 541		20 850	8 525.8	29 376	0.33	9 696	3 878	67 860	18 419	49 440
9	孙彦力	11 755	6.66	786	5 235	1 309		11 231	8 525.8	19 757	0.33	6 521	2 608	11 755	3 917	7 839
10	刘化国	33 701	33	786	25 938	6 485		14 993	8 525.8	23 519	0.33	7 763	3 105	33 701	9 590	24 111
11	宋　权	22 870	20	786	15 720	3 930		13 136	8 525.8	21 662	0.33	7 150	2 860	22 870	6 790	16 080
12	刘华文	13 955	9.3	786	7 310	1 827		11 608	8 525.8	20 134	0.33	6 645	2 658	13 955	4 486	9 469
13	李海山	41 699	42.6	786	33 484	8 371		16 365	8 525.8	24 891	0.33	8 215	3 286	41 699	11 657	30 042
14	刘华福	29 951	28.5	786	22 401	5 600		14 350	8 525.8	22 877	0.33	7 550	3 020	29 951	8 620	21 331
15	……															

施公案：看村官如何领班合作社

——以辽宁铁岭调兵山市富农
水稻专业合作社为例①

2013—2014 年，农业部管理干部学院与铁岭市农村经济委员会围绕促进农民合作社发展，开展了研究、培训、宣传等方面的合作。在合作过程中，调兵山市富农水稻专业合作社屡屡被提起。出于好奇，笔者深入该合作社，与合作社理事长施立武就他本人的故事、合作社的建立与成长以及村组织与合作社关系等内容进行深度访谈。访谈自上午9点一直持续到晚上8点，仍感觉意犹未尽。形成本案例，希望对合作社同行有参考价值。

一、背景

调兵山市富农水稻农民专业合作社坐落在兀术街街道施荒地村。说起合作社，还得先说说施立武和村里那些事。

（一）施立武当上了村主任

施立武是调兵山市兀术街街道施荒地村农民。早些年做过木匠、当过电工，后来承包村里机动地。但当时的村干部对发包土地的价格高低和地块优劣因人而异，这引发村民特别是种粮大户的不满。施立武也感觉不公，带头向村里反映，没有得到解决，不得已逐级向上反映，成为当地有名的上访户。2004年，施荒地村村委换届选举，施立武因为敢做敢当，被村民选为村主任。

（二）施荒地村想改种水稻

施荒地村耕地全部是旱田，以种植玉米为主。早在20世纪50年代，施荒地村的村民就想过打井取水，将旱地改造成水田，但没有成功。近些年来，随着调兵山市煤矿不断被采挖，位于矿产地区的施荒地村土地塌陷多，有些地块高度降低了，有些还形成了自然蓄水池。改种水稻的自然条件已经具备。

---

① 撰写人：闫石 于占海 李世武 孙超超

施立武说："被选为村主任是村民对我的信任，但我感到肩上是沉甸甸的责任。"施立武感到旱地改水田到现在，不是能不能改，是必须要改，而且还要改成的问题。就在施立武带领大家紧锣密鼓地准备各项工作的时候，调兵山市农业局听说了此事，前来考察。在了解相关情况后，建议施立武组建农民专业合作社。但当时，包括施立武在内，大家对什么是合作社、怎么组建运作，都是两眼一抹黑。在调兵山市农业局的指导下，村两委班子成员外出考察，学习先进地区特别是水稻种植合作社的经验做法。回来后村两委班子成员和村里党员挨家挨户发放材料，宣传合作社的基本原则、功能作用等内容知识，大大提高了村民对合作社的认识。2009 年 3 月，由施立武牵头组建的调兵山市富农水稻农民专业合作社登记注册。

二、做法

合作社成员以村集体成员为核心，将土地股份量化，村干部兼任带头人，有效解决了土地适度规模经营、土地保值增值、村集体组织功能激发等系列难题。

（一）定级并户重划土地

之前，施荒地村将全村 3 600 多亩土地分成不同等级。根据不同等级，好坏搭配承包给农户，导致农户承包土地分散，不利于规模经营，制约了先进机械和技术的应用，土地产出率低下。为解决这个难题，施立武采取了"定级、并户、抓阄"的办法，公开、公平地推进了土地的连片规模经营。

"定级"就是将全村 3 600 多亩土地，根据土质和位置的不同大致分为两等，一等地每年租金 120 元/亩，共 3 300 多亩；二等地每年租金 100 元/亩，共 280 余亩。定级之后，按照全村总人数平均分配，每人 1.75 亩。平均分配后，村民分得的土地必然有好有差。施立武通过补差价的办法，即从村里机动地获得的收益中提取一定比例，每亩补贴 20 元给分到二等地的村民。定级土地、平均分配的做法得到村民认可，但真正实施起来，仍然解决不了土地分散的问题。要想实现规模连片经营，施立武想到了并户的办法。

"并户"就是将关系好的农户或者原来的种粮大户，合伙并成一组，并选出一名小组代表，由小组代表参与抽签，抽到哪一块地，小组其他成员的地都与抽到的地块连在一起。比如，A 小组有村民 10 人，每人 2 亩地，那么这个小组一共是 20 亩地。小组代表抽到一等地，那么这个小组的土地都是一等地，并且连片，共计 20 亩。全村 600 多户，最终并成了不到 200 户，这在一定程度上实现了土地的连片规模经营，有效解决了地块分散带来的（包括"春天找垄、夏天排水、秋天看地、机械作业"等）一系列难题。

（春天找垄是指农户在耕整地的时候，垄宽及间距由于机械作业误差，容易导致5垄变4垄的问题，村干部必须要主持公道，为村民找到"消失"的地垄。夏天排水是指雨季的时候，有些地块由于地势较低，而邻地农户不愿挖沟，导致雨水积压形成涝灾。秋天看地是指村里土地面积大，玉米成熟期不同，容易发生顺手牵羊的事情，所以需要安排专人看护。机械作业是指地块小且分散，不能发挥大型机械作业的优势。）

土地定级了，并户也公示了，公平实施最为重要，施立武心知肚明。为此，他选择了抓阄的办法，为避免作弊嫌疑，村里专门买来一副扑克牌，按花色从A到K进行排序，由村民抓牌定序。这就避免了按照传统办法做阄抓阄，没有抓到好地的村民认为阄有问题而反悔，相互扯皮。施立武后来说，抓不到好地只能说你运气差，抓着坏地，其实也不必担心，村里会给予补贴。

土地重新划分后，不仅解决了多年顽疾，更重要的是树立了施立武的威望，村民对其更加信任。但老百姓的日子依然没有得到改观，如何在有限的土地里实现效益最大化，是困扰在施立武心头的又一件大事。

（二）依靠科技改种水稻

如遇天灾，基本收成都不敢保证。在市场面前，更没有"发言权"，粮食丰收了，增产不增收，饱尝卖难之苦。粮食涨价时，获得信息稍迟，手里余粮已所剩无几，大部分利润都被中间商和加工商赚走了。分完土地后，施立武时刻琢磨着如何将村里的旱地改成水田种植水稻，以增加土地产值，增加农民收入。

为此事，施立武经常在村头转悠，一次见到一位羊倌，二人交谈起来。羊倌说，据他经验判断，村里地势有高低差，水能自流过来，也能自流出去，施荒地村旱地改水田没问题。这极大鼓舞了施立武，但是否可行，还需要科学证明。施立武找到调兵山市道路公司，利用其专业设备，为全村土地测地差。测得数据表明，水在施荒地村完全能自流，也就是说种植水稻的基本条件是具备的。

施立武提出旱地改水田的想法后，很多村民极力反对，大家都认为这件事不容易做成。为此，村里从辽东专门请来一位水稻种植技术员按照测量数据，设计了水渠路线，详述水稻种植可行性，形成了一份千亩稻田开发计划书，发放到每一位村民手里，进行动员。村民看到村里计划周密，用数据和事实说话，就基本同意了。

（三）科学引导办起合作社

对于组建起来的合作社，有些村民还有顾虑，体现在三个方面：第一，合作社经营不善怎么办？针对这类问题，经讨论，合作社对入社的土地每亩年保底分红 350 元。第二，有些原来的种粮大户认为，土地规模经营肯定有增值收益，施立武等村干部主张成立合作社，是不是想自己挣钱？对此，施立武等村干部明确表态："只要在村里干，就拿村里那份工资，不要合作社工资；但如果我们落选后，如果合作社还需要我们，那就得先谈好工资。"第三，从来都没有种过水稻，合作社是否有能力种好？这个问题是有些村民针对合作社统一经营提出的。经开会讨论达成共识：如果村民不愿意将土地交由合作社统一经营，可以自己耕种，但生产进程要与合作社同步，当然可以向合作社购买种子、化肥等物资。针对这些问题，合作社形成了一份《施荒地村农业生产合作社稻田开发合同》，并告示所有村民，绝大部分村民对此均无异议。

达成共识后，村里 236 户农民将自家承包地以入股的方式加入合作社，入股土地面积 1 350 亩。为了把合作社办得更加规范，施立武带领大家起草制定了各项规章制度，规范了财务、社务管理，为合作社的发展打下了坚实的基础。当年，合作社种植的水稻获得大丰收。等水稻销售一空，利润还没分的时候，村民就在议论：施立武几个人这次挣大钱了，等等。施立武等人力主将全部收益分给村民，因为组建合作社目的就是为了带领大家共同致富。后经成员代表大会讨论决定，每亩土地除保底分红外，再进行二次返还。

2010 年初，村民纷纷要求加入合作社，并提出不再签订保底分红的协议，从这时开始合作社与成员形成了风险共担、利益共享的紧密型联结关系。到 2013 年，全村所有土地都改成水田，并且都加入到合作社。

（四）按人分地记股体现公平

富农水稻农民专业合作社从一开始就按照法律和章程规定，为每位成员建立了账户，记载成员的土地股份（按亩计算，如 1 亩地记 1 股）、公积金、财政补助资产量化份额等内容。与其他合作社不同之处在于，合作社并没有按《农民专业合作社法》规定将财政补助资产平均量化到户，而是按土地面积平均量化。问起缘由，施立武说，按照个人承包土地面积记载股份更加科学，不仅看得清楚，更主要的是设置更加公平。不同家庭农户人数不同，承包土地面积也不相同，如果按户平均量化财政补助形成的资产，有失公允。比如，A 户 5 口人，分得土地 5 亩，B 户 3 口人，分得土地 3 亩，按照法律要求，按户平均量化的资产是1万元。那么，A户每人每亩平均量化财政补助形成的资产2 000元，B户每人每亩平均量化财政补助形成的资产3 333元。土地股份合作社真正贡献要素是土地，而每亩土地的贡献水平是相同的，如果按照法律要求按户平均量化，那么每亩土地的贡献就不能公平体现，这也是为什么有些合作社按法律操作时，农户纷纷分家立户的原因。比如，邻村的兀术街村位于城郊，村集体收入高，村里到年底都是按户分配相关福利，导致兀术街村900多口人，基本一人一户，现在是900多户。

（五）每年一张"明白纸"让财务公开

合作社成立以后，农户的土地都交由合作社统一经营，土地的产量、成本及收益等是成员最为关心的。为让成员放心，合作社每年到年末都要向成员发放一张"明白纸"，详细记载当年每亩水稻的产量、单价、收入及成本明细。如2014年，合作社平均亩产水稻500千克，每500克1.53元，收入1 530元。每亩成本包括耕整地60元、育插秧150元、农资（化肥、农药、除草剂）160元、机收100元、用油35元、人工（管理、除草、修渠等）225元、电费50元，共计780元。每亩地净收益750元。每亩合计的产量、成本和收益，财务都记录了账单，供成员查阅。通过详尽列支各项成本，真正做到社务财务公开，不断增强合作社凝聚力。

（六）兴办加工提高附加值

合作社成立初期直接销售稻谷，为增加收入，从2012年开始搞稻谷代加工。合作社将稻谷送到加工厂，加工厂加工后，将大米及稻糠交回合作社，合作社向加工厂交付加工费。但有次合作社将4万千克稻谷拉到加工厂，加工厂送回来大米加稻糠共计3.9万千克，差了1 000千克。按照经验，这4万千克差个三五百千克是正常的，但这次太离谱了。

施立武感到其中必有蹊跷，也更加坚定了他办加工厂的想法。为此，施立武叮嘱送稻谷的工人在加工厂多留个心眼，看看稻谷数量到底差在哪里，顺便也看看加工的流程。

几次下来，施立武对稻谷加工的行业"潜规则"了然指掌，对合作社办加工厂也更有信心。2014年，经过成员代表大会几轮讨论后，合作社决定建自己的稻米加工厂，如今加工厂已经运营。为了更好地销售产品，合作社还注册了"兵山大米"商标，2014年还被评为铁岭市著名商标。施立武粗算了下，通过加工，种植水稻每亩的收益至少增加了100元。他说只有合作起来，走产—加—销一体化的路子，才能把利润牢牢地留在自己手里。

三、成效

（一）土地不再让村民劳心，且能获得更高的收入

农户将土地入股合作社，不会再被土地牵扯，既可安心外出务工，也可参与合作社的生产管理，并能获得稳定的工资收入。合作社通过规模连片经营，采取机械化作业，降低了成本，增加了收入。与普通农户一亩土地种植玉米获得 350 元相比，合作社种植水稻收益稳步提升。2009 年每亩土地分得 504 元，2010 年每亩土地分得 533 元，2011 年每亩土地分得 640 元，2012 年每亩土地分得 750 元，2013 年每亩土地分得 900 元，2014 年每亩土地分得 750 元。比如，村民韩宝明家有 15 亩地，以前自己种大苞米，搭工费力 1 亩地收入 350 元，一年收入 5 000 多元。入股后土地交给合作社，不操心不费力，每年每亩地平均可分红 700 多元，比自己种植放效高出 1 倍多。随着合作社规模不断扩大，效益不断提高，影响力扩大到周边各村，到 2014 年年底，外村入股合作社的土地达 16 000 多亩。

（二）合理解决村民难题，村民关系更加和谐

由于历史遗留问题，施荒地村涉及土地的问题，错综复杂。有的因为土地分配、流转等，导致不少村民感到不平，村民不断上访，希望政府部门给予解决。有的因为地块细碎分散问题，引起种植纠纷，问题不断。通过公开、公平、公正地重新划地，解决了村民土地分配问题；组建合作社，由合作社统一经营管理土地，避免了种植纠纷；合作社成立成员代表大会，构建村民与合作社及村委会的沟通渠道，及时化解潜在问题。通过这些办法，施荒地村民关系更加和谐，没有了上访村民，土地纠纷也少了很多，合作社成为村民的利益渠道和代表。

（三）兴办仓储加工，抵御市场风险能力增强

考虑到仅仅是种植水稻，收益不是很高，而且价格受市场和中介的影响很大，2014 年，合作社建设了仓储设施，购买了稻米加工机械，创建了产品品牌。目前，合作社种植的水稻除直接销售外，还可以通过仓储储藏，实现错季销售，保证价格；也可以通过加工厂，直接加工成大米，通过市场销售。与之前相比，现在合作社的水稻不愁销，也不愁市场的波动，抗风险能力得到了提升。通过仓储、加工，水稻的收益更加稳定，而且效益更高。

四、启示

（一）合作社带头人要率先垂范

之前有名的上访户当上村干部，自然也会被人重点"照顾"。自从当上村主任以来，施立武就不停地被人举报。到目前，算起来应该被举报过七八次了，除了那次"挪用公款"被处分外，其他没有一次是坐实的。"有一次，调兵山市有关部门收到举报信，说我贪污了财政款项 200 万元，后来市经侦局到合作社来调查，发现项目是由项目单位通过招标形式，由中标单位组织实施项目建设。项目验收合格后，由项目单位直接付给中标单位工程款项。所有的资金没有经过合作社，更没有经过我的手。"施立武说道，"再后来，被此事牵连的土地局人员说要来调研合作社，看看这个合作社，还有施立武到底是怎么回事，有了项目怎么还把我们牵扯进来了。在详细了解合作社的情况后，感叹我的不易，后来专门寄来一封表扬信。"施立武说，"我不怕被举报，因为我心里知道，我从来就没想过要沾国家的好处，更没有想过要沾村民的利益，只要是我经手的，我都能清清楚楚、明明白白讲出来，行得正就不怕影子斜。"

（二）合作社社务财务要公开透明

公开透明是最好的办法。合作社为保证成员的权益，聘请了管理人员和财务会计，详细记载合作社的事务和财务，并建立档案。这些档案对成员完全公开，供成员查阅。对于合作社来讲，统一经营是成员最为关心的事务，每年产了多少水稻、收购价多少、总收入多少、总成本多少、都有哪些成本等，这些必须给村民公开透明的说明。从合作社正式运转以来，每年到年底的时候，合作社都要形成一张"明白纸"，清晰表明生产经营事项的收入及支出，保证了成员的知情权，也树立了合作社的权威。"明白纸"看似很简单，就是一张纸，甚至有些简陋，但它搭建的是合作社与成员之间的信任桥梁。

（三）合作社与成员要形成利益共同体

合作社刚起步时，资金周转困难，为缓解资金难题，施立武没少搭进自家的钱。2013 年，合作社想扩大经营规模，但没有资金，施立武爱人说什么也不同意再搭钱了。施立武没有办法，就在村上转悠，一脸愁容。有位拾破烂的老太太见到，就问他有什么烦心事，施立武心想借钱的事跟她说了也没用，就没说。在老太太一路追问下，施立武才道明原委，老太太二话没说，从银行拿出 6 万元交到施立武手上，施立武要打个欠条，被老太太回绝了，说要打欠条就不借给你，这些年我们大家都知道你是什么样的人。"这牛事让我很感动，也坚定了我走下去的决心。"施立武说道。其实，合作社走上正轨以后，大家伙都把合作社当成自己的，都很关心合作社的发展。2013 年水稻收获后，碰到连阴雨，当时的水稻收购价很低，卖还是不卖？大家一时拿不定主意。施立武建议召开成员代表大会，合计是否卖稻谷。最终大家决定不卖，储藏起来等来年价格好时再卖。当时，赶上年关，施立武想，忙了一年，不能让大家没钱过年，特别是在合作社务工的成员要发放工资，就建议以合作社名义从银行贷款 40 万元，先给成员发一部分钱过年。但等了好几天，只有几户人家来取钱，钱也只发出去 2 万余元。施立武一问，大家伙就说今年是特殊情况，怪不到任何人，这个钱我们可以缓缓再分，没必要到银行借钱，是有利息的，利息也是合作社付的，来年再分钱的时候我们就会少掉这部分钱，不合适。最终大家决定将这些钱还给银行，当年的盈余可待来年再分。施立武说，这件事让我特别欣慰，我们终于是一家人了。

（四）合作社与村组织要协同发展

2009 年，合作社开始旱地改水田，需要挖渠、平整土地，虽然村民成员出力完成了部分工作，但很多工作需要请工程队，这需要一笔资金。当时，合作社还没有开展任何经营活动，因此没有积累，施立武想到村里有些闲置资金，就召开村民代表大会，决定从村里借出 18.7 万元垫付合作社的工程款。没过几天就被人举报，调兵山市纪委调查核实后，以挪用公款行为，召开党员大会，给予施立武记大过处分。处处想着村集体、想着合作社，并经村民代表大会讨论决定的，最后却要接受处分，施立武想不通。但这次事件让他明白，村集体和合作社账目要分清，不能混为一谈。所以，不管是村里的工作还是合作社的工作，施立武都小心翼翼。比如发挥村里机动地的作用，为村民谋福利，合作社就召开成员代表大会，讨论通过村集体机动地按照村集体的土地入股合作社，并参与合作社的分红，这部分收益由村集体分配，有效解决了村里的公共支出经费难题。合作社将土地集中起来，统一经营，增加了农民成员的土地收益，这也等于增加了村民的收入。现在合作社与村集体二者相辅相成，互促互进。

在交谈中，施立武不止一次跟笔者说，村里很多很多的人和事，说来很有意思，想拍部电视剧。村官虽小，责任重大，带领村民走合作致富的路子，如何协调这里面纷繁复杂的关系，旁人难以体会。五味杂陈、五风十雨、五谷丰登、五光十色或许都是施立武想拍电视剧的缘由吧。

附件 8：

辽宁省铁岭市调兵山水稻种植专业合作社 2014 年度结算通知书

广大合作社社员你们好：

2014 年我们合作社生产经营情况向广大社员做一下详细的汇报。

2014 年合作社水稻平均亩产 500 千克，每亩收入 1 530 元。

现将支出情况公布如下：

1. 翻地、耙地每亩用款合计 60 元。

2. 育苗、插秧每亩用款合计 150 元。

3. 化肥、农药、除草剂用款合计 160 元。

4. 收个、运输每亩用款合计 100 元。

5. 翻地、耙地用柴油每亩 28 元，插秧用汽油每亩 7 元。

6. 修机械、吃饭等每亩用款合计 30 元。

7. 人工管理、零用工、除草、修渠等每亩用款合计 195 元。

8. 抽水用电费每亩用款合计 50 元。

综上所述：自流地块每亩可分 800 元，抽水地块每亩可分 750 元。

今年合作社建立了自己的加工厂，并且注册了合作社自己的品牌"兵山大米"，合作社自产自销，希望社员们多支持合作社，吃我们自己的品牌大米，总的来说，在过去的一年里合作社虽然有成绩，但也有不足之处，虽然比上一年有些提高，但急需加倍努力工作。今年合作社相信在上级领导部门和全体社员的支持帮助下，合作社会更加努力，多创收效益，希望广大社员多支持我们自己的合作社。

最后祝全体合作社社员春节愉快，家庭幸福，万事如意！

调兵山市富农水稻农民专业合作社

2015 年 1 月 22 日

专家点评：

这是一个来自希望田野上的真实案例，其生动细节及其中蕴含的实践逻辑颇值得玩味和借鉴。借着调兵山市富农水稻专业合作社这一农村经济发展的典型案例，我们来看看其成功经验何在。其一，对分散细碎的承包土地进行有效调整是促进社员增收的前置条件。其二，寻求兼顾有效与合意的经营组织形式是促进社员增收的基础平台。其三，对传统的低值农产品进行结构调整是促进社员增收的前提任务。其四，推动合作社进入农产品加工领域是促进社员增收的必然趋势。其五，来自合作社企业家自始至终的推动是促进社员增收的关键所在。此外，从案例中可以看出，在富农水稻专业合作社中，施立武等村干部是其骨干成员，村组织与合作社之间的界限比较模糊。因此要认识到，村两委及其成员大力促进、催生、支持合作社的产生和发展，这是件好事，因为合作社是农民创业致富的有效载体，村干部理应响应党和国家关于大力发展农民合作社的号召，大力支持和帮助合作社快速健康发展。同时，村干部长期治理村社，一般都有着较强的责任感和领导能力，因而也往往倾向于参与合作社的产生和发展。然而，村干部参与合作社的产生和发展，要注意恰当的作用定位和合适的方式方法。

（徐旭初，浙江大学中国农民合作组织研究中心教授）

调兵山富农水稻专业合作社是村干部领办型合作社，农民信任合作社、愿意加入合作社是合作社实现规模经营的基础条件。富农水稻专业合作社将农民的土地以股份的形式加入合作社，使农民与合作社真正形成了利益共同体，即利益共享、风险共担，这才真正体现了合作社的本质内涵。此外，村级集体经济通过参与合作社分红而得到发展壮大，是合作社在发展过程中又一作用的体现，二者互促互进，有利于农村社会和谐稳定、农民增收。

（张晓梅，湖南吉首市丰裕隆茶业专业合作社理事长）

施立武一心为民的作风，是中华民族的优良传统，值得我们合作社带头人的深思和学习！在困难中找出路，在公平中找发展，以人为本的工作态度赢得所有成员的认可，以合理的引导方式改变不理解成员的观念！以家长的责任心为成员找出路、谋发展、公平公正、处理问题合情合理是合作社发展的重中之重！最终使大家走在了一起，实现了合作共赢！施立武没有把村集体和合作社的账目分开，走了近路，带来了不必要的麻烦，我们合作社人要引以为戒。我们不仅要用聪明智慧带领合作社发展，而且要懂法，以法律法规为准绳，才能实现可持续发展，实现合作共赢。

（李远龙，湖北省益沼鲜循环农业专业合作社理事长）

用活钱粮地　力促可持续

——河南商水天华种植专业合作社创新发展成效显著①

商水县位于河南省东南部，耕地面积 139 万亩，总人口 121.4 万，其中农业人口 112.7 万；气候温和，雨量充沛，是国家小麦、玉米、棉花等优质农产品生产区域，全国重要的粮、棉、油生产基地，全国粮食先进县、全国科技先进县、全国生猪调出大县。

天华种植专业合作社位于商水县魏集镇许寨村二组，自 2009 年成立以来，围绕粮食生产，不断探索实践，创新实施了"土地全托管""粮食银行""信用担保＋分期付款"做法，成为河南省土地集约种粮典型，被评为"全国农民专业合作社示范社""国家农民合作社示范社"。2012 年 7 月，合作社理事长刘天华参加全国农民专业合作社经验交流会并作典型发言，得到了时任副总理回良玉充分肯定。2015 年 1 月 27 日，刘天华作为全国唯一基层农民代表，应邀走进中南海，参加李克强总理主持召开的《政府工作报告（征求意见稿）》的意见和建议座谈会，提了粮食生产、合作社发展、农民面临困难三个方面的建议。

一、背景

2006 年，魏集镇许寨村农民刘天华花 11 万元买了 1 台拖拉机和 1 台联合收割机，在当年"三夏""三秋"两季挣了 3 万多元，相当于当时外出打工一年赚的两倍。村民们看到他挣大钱了，有条件的也跟着买农机。农机多了，本地的活儿不够干，出去跨区作业又势单力薄，于是刘天华与村里几个农机户一商量，于 2008 年 4 月联合起来成立作业服务队，当年第一次跨区作业，每户就挣了 2 万多元，一传十，十传百，周边的农机手纷纷加入。在 2008 年跨区作业中，刘天华了解到有农民专业合作社这样的组织，认为有很大发展前景，回来就谋划成立合作社。

---

① 撰写人：刘华彬

2009 年 6 月 6 日，刘天华与 26 名农户发起成立天华种植专业合作社，由刘天华担任理事长，建立了章程、财务管理和盈余分配制度。当年，合作社拥有 7 台（套）农业机械，流转了 400 多亩土地，选种"新农 979"小麦，该小麦具有晚播早熟习性，由于合作社播种时间早，在寒冬腊月出现冻害，造成大面积死亡，损失很大，很多成员埋怨起来，有的退出了合作社。经询问县农业局，知道是技术原因后，刘天华不甘心失败，拿出所有积蓄投入合作社，稳住了局面，开始了创新发展之路。

二、做法

在发展过程中，天华种植专业合作社先后遇到了各种问题。合作社本着因地制宜、因社制宜的原则，在土地流转、粮食储存、资金融通方面打破常规，精心设计，探索完善运作模式，取得了良好的成效。

（一）土地全托管

在商水县农村，常年外出务工人口在 30 万以上，留守在家的多是一些老人、儿童及妇女，谁来种地、如何种好地的问题突出，但出于惜地心理，又不想把地流转给别人。与此同时，合作社也面临怎样把机械充分利用起来，更好地服务成员和周边农户的问题。针对这种情况，合作社推出了"土地全托管"服务模式，对不愿意流转的土地，收取一些费用，提供播种、日常管理、收获等服务，从而把土地集中起来，实现了规模化、集约化种粮。

合作社与农户商议，达成全托管服务协议，并签订书面的合同（《全托管小麦种植合同范本》见附件 1）。

关于该合同的一些说明：①本合同为全托管合同，"附件 1"中列出的服务全由合作社提供，不能少选；②"附件 1"中不包括浇灌服务，是因为商水县为季风半湿润气候，雨量充沛，河流纵横，浅层地下水充足，土地肥力好，即使不浇水，每亩小麦也能产四五百千克。因此，当地没有建设灌溉设施，如果遇到大旱，只能靠人工浇灌，合作社实行全机械化作业，人力不够，只能主要靠农户自己浇灌；③合同中没有注明土地的具体位置，比如坐落、四至，是因为大家都是当地农户，对彼此地块比较熟悉；④在当地，春天主要种小麦，收割小麦后接着种玉米或者大豆，玉米的保底产量是 500 千克/亩，大豆的保底产量是 150 千克/亩，一般签协议都是"小麦＋玉米"或者"小麦＋大豆"，具体内容由农户自己选择决定；⑤不可抗拒的自然灾害包括旱灾等。

合作社通过土地全托管模式，开展整村推进、连片经营，实现了规模化、集约化经营，使先进的大型农业机械和农业种植新技术找到了用武之地。截至2015年6月，合作社托管土地12 000多亩，对托管的土地采用统一供种、统一供肥、统一耕种、统一病虫害防治、统一收获、统一销售，各项费用价格低于市场20%～45%。

2014年合作社种植的"周麦27"，亩产达660千克，比一般农户高出60千克，收获的小麦比一般农户每500克多卖一毛五分钱，按当年政府托市价格每500克1.22元计算，全托管农户一亩地小麦多卖172.20元；在种地投入方面，全托管农户每亩小麦托管费为380元，市场收费为540元，节约支出160元（表1）。一减一增，全托管农户每亩小麦增收332.20元，按照目前合作社托管的土地规模12 000多亩算，整体受益398.64多万元。

表1　合作社托管收费与市场收费对比

单位：元/亩

托管服务内容	小　麦		玉　米	
	合作社	市场	合作社	市场
种子	50	100	30	60
化肥	110	140	100	125
深松（3年一次）	50	60		
旋耕	50	60		
播种	20	40	30	40
病虫害防治	30	50	30	60
收割	50	60	70	100
运输	20	30	20	30
费用总计	380	540	280	415
两者差价	160		135	

（二）粮食银行

合作社粮食银行采取市场化运作方式，农民将粮食存入粮食银行，可随时提取粮食、折现，并按双方约定享受存粮增值。农户走进粮食银行，就好像走进了商业银行的储蓄所，只不过存取的内容从现金变成了粮食。合作社采用一户一本的存粮凭证方式，存粮本进行统一数字编号并加盖合作社公章。

合作社收存农户粮食有3种渠道。①农户自愿到合作社"粮食银行"存粮；②合作社利用服务队直接把业务延伸到田间地头，组织车辆到田间地头，依农户自愿，对没能力运输且愿意存粮的农户，进行田间装车，合作社随即过磅入库，这样更好地解决了没有运输能力农户卖粮难的问题；③对于粮食湿度比较大，不可直接存放的，农户可以到合作社利用烘干设备烘干后收储。

粮食银行有 4 种存取模式：①存户要钱的话，按照当时的价格①，直接支付现钱；②存户暂时不领粮款，存在粮食银行，一个月有 5 厘利息，比银行普通存款收益高；③存户不要粮款，也不要利息，粮食存放在粮食银行，粮食银行不收保管费，卖出时双方按比例对增值部分分红②，具体比例为粮食银行 3 存户 7；④存户不要粮款，粮食存放在粮食银行，可以换成面、油、米。存放期间如果要求换成钱，则按第三种模式执行。这种模式还不太成熟，农民基本不用，他们还是习惯到超市购买粮米油。另外，农户也可以要求取出粮食，但这种要求从没发生。

合作社粮食银行的 4 种模式是逐步摸索完善出来的，是一个不断呼应、满足农民需求的过程，其效果逐渐释放、扩大。

随着大量农民外出，留守农民种的地多，收获的粮食也多，搬迁新村后，家里没地放，导致存贮困难甚至损失。例如，许寨村三组农民刘同沟，60 多岁了，儿女都不在家，2010 年种了 4 亩 8 分地，当年 6 月卖了一部分，家里留了一两千千克小麦，准备等价钱高了再卖。房里没地方放，就装袋堆积在屋檐下，8 月准备卖的时候发现小麦都霉变了，而他家里的开支全靠这些粮食。一些农民对刘天华说，我的粮食放在你那儿，可以不？由此催生了粮食银行。2011 年，合作社正式运行粮食银行，采用第一种模式，当年存粮达到 27 万多千克小麦。

2012 年，粮食银行增加了第二种模式。第二种模式将"存粮"变成了"存钱"，当第一批存粮户收到存 1 000 元粮 60 元利息后，其他农民争先恐后把粮食存到粮食银行，当年存粮达到 80 万千克小麦。

2013 年，当地农户已经有了到粮食银行存粮的习惯，粮食银行推出了第三种模式，当年存粮达到 155 万千克小麦，其中第一种模式占到 7.4%，第二种模式占到 39.2%，第三种占 53.4%。

2014 年，粮食银行存粮达到 200 多万千克小麦，其中第一种占 6.5%，第二种占 42.9%，第三种占 50.6%。为了增加粮食银行的服务，将存粮与老百

---

① 粮食银行的收购价格，一般要比国家收购价格每 500 克低 2~3 分。国家最低收购价是到库价格，农民一般是在田头卖给经纪人，中间有装、拉、卸费用，经纪人自己还要赚点，给农民的价格比国家最低收购价一般每 500 克低 5 分。粮食银行的收购价格，相当于把经纪人这个环节去掉了。

② 由于国家对小麦等实行保护价收购，这个价格一直处于刚性上涨，粮食安全形势短期内不会缓解，因此市场价格会长期处于上行趋势。

姓日常生活联系在一起，于是推出了第四种模式。目前来看，第四种模式效果不太明显，老百姓购买生活用品还是习惯去超市。粮食银行打算下一步与超市对接，形成"农户＋合作社粮食银行＋超市"模式，以存粮为纽带，为存粮户提供全方位服务。

粮食银行为农户存粮问题提供了一揽子解决方案，涵盖运输、烘晒、储存、销售，彻底解除了农户的后顾之忧，还可分享粮价上涨收益。以第三种模式为例，2014 年 6 月农户将小麦存进粮食银行，当时价格是每 500 克 1.18元，2015 年 5 月以每 500 克 1.27 元卖出，其中 9 分钱增值部分双方三七分红，按小麦保障产量 500 千克/亩算，农户每亩将分红 63 元。

合作社粮食银行与土地全托管模式无缝对接，产生了相互支持、相互促进的效果。合作社土地全托管生产的粮食，收获后由服务队拉到粮食银行，过磅后扣除托管费，剩下的存进粮食银行，给托管户发一个存粮本，整个服务流程基本就完结了。

农户把大量的粮食存在合作社，形成一笔不小的可快速变现资产，间接缓解了合作社资金问题。粮食价格高的时候，粮食银行卖出部分粮食，变现足够的发展资金和较高的收益。有了资金的支持，合作社不断扩张规模，购买农机等生产资料，延伸产业链条，开展优质小麦石磨面粉加工、芝麻叶真空包装。对于闲置的资金，借给化肥企业，不但可以获得利息，还可以借此获得比市场价低得多的化肥。

（三）"信用担保＋分期付款"融资

无人植保飞机、大型农业机械价格较高，一般成员的购买资金不足，从银行贷款目前基本是不可能的事，为解决这个困局，在天华种植专业合作社的推动下，以周口市天华农民专业合作社联合社名义，实施了"信用担保＋分期付款"融资模式。具体内容为：联合社、购机成员与农机厂家签订购买协议（见附件 2），确定产品价格、信用担保额、分期支付事宜、违约责任等；联合社与农机厂家签订担保协议（见附件 3），确定担保事宜及双方权利义务。

2015 年，联合社与中国一拖集团有限公司达成合作，联合社成员购买东方红 LA2004 大拖拉机，单价为 30 万元，政府补贴 30％即 9 万元，联合社担保 40％即 12 万元，在 2 年内分期还清，剩下的 30％即 9 万元为现付。联合社与一家无人植保飞机厂家达成合作，联合社成员购买无人植保飞机，单价为 18 万元，政府补贴 50％即 9 万元，由联合社信用担保 25％即 4.5 万元，采取分期付款的方式，在 2 年付清，剩下的 25％即 4.5 万元为现付。由于联合社实力较强，加上刘天华个人的信誉，农业机械厂家也乐意采用这种方式。

为了防止购买农业机械的成员欠款不还，或者在还完欠款前将购买的农业机械变卖，作为信用担保方，联合社信用担保的农机实行统一管理、统一安排作业，不作业时停放在联合社，直到还清欠款为止。成员购买农机的分期支付款项，还可以选择以作业收入抵扣。

有了联合社的信用担保，大多数成员可以用自有资金购买大型农业机械，实现了拿小钱办大事；加快了先进新型农机的推广应用，如前面提到的东方红LA2004大拖拉机，由于价格高昂，以前主要在东北地区有销售应用，这是该机首次引进河南地区。信用担保金额没有利息负担，如购买一台东方红LA2004大拖拉机（下同），以贷款年利率5.25%（据工行网站2015年6月28信息）计算，两年共节省利息1.26万元；在2年内分期支付，每年还款额为6万元（每月5 000元），一台东方红LA2004大型拖拉机，一年能挣作业费9万元，没有偿还压力。

截至2015年7月，联合社采用"信用担保＋分期付款"模式，共购买无人植保飞机10架，东方红LA2004大拖拉机4台，实现了成员、联合社、农机生产厂家三方共赢。

三、成效

合作社规模快速壮大。截至2015年10月，合作社注册资金2 000万元，成员336户，固定资产1 400万元。建有千亩示范方1处，百亩试验田4处，2 200平方米粮库1栋，1 564平方米粮食晒场1处，1 216平方米机械库棚1栋，石磨面粉生产线1条。拥有大型烘干机及配套设施1台（套），农业机械60台（套），无人植保飞机2架，有农机手80余人，实现了农业生产全程机械化。设置了办公室、会议室、财务室、配件室、食堂、员工宿舍、农业技术资讯室、培训学校、加油站、过磅室、警务室，成立了机耕队、机收队、排灌队、植保机防队、植保无人机飞防队，辐射带动周边3个乡镇20多个行政村3 000多户农户。

合作社经营效益不断提高。随着规模化、集约化发展，单位面积投入不断下降，合作社盈利不断增加，2014年盈利达到575.8万元（表2）。成员收入不断增加。与不入社相比，成员收益平均增加3 000元。以许寨村52岁村民刘天芬为例，2012年用5 000元现金入股合作社，年底分红865元，又长期在合作社打工，月工资1 000元，一年收入12 865元；2013年，他把自家6.4

亩地入股合作社，土地保底收入 7 600 元，再加上分红和工资，全年收入
21 581 元；2014 年，各项收入达 22 465 元（表3）。

表2 合作社规模不断扩大

单位：亩，吨

年份	流转土地	入股土地	托管土地	总经营面积	粮食总产量
2012	2 400	—	6 500	8 900	8 200
2013	2 400	1 800	8 650	12 850	14 135
2014	2 400	3 100	11 600	17 100	18 810
复合增长率（%）			33.6	38.6	51.5

表3 合作社效益不断提高

年份	亩均投入（元）	合作社盈利（万元）
2012	785	219.1
2013	615	436.4
2014	525	575.8

四、启示

（一）土地全托管是合作社实现土地规模经营、集约经营的有效路径

当前，土地流转正在各地探索推进，面临的一些问题具有普遍性，包括土地权属复杂，政策操作难；农民视土地为命根子，惜地心理重；土地细碎分散，难成片连方；农民保守怕风险，重眼前轻长远等。在土地流转实践中，探索出了土地入股、土地租赁、土地托管等实现路径。其中，土地托管不改变土地承包经营权，土地还是农民的；流转农户在保障正常产量的基础上还可以享受超产红利，不用承担任何风险；农民不用操心地里的事，可以安心外出打工，适应了当前的国情，更容易得到农民的认可。《关于引导农村土地经营权有序流转发展农业适度规模经营的意见》指出，要积极推广既不改变农户承包关系，又保证地有人种的托管服务模式，鼓励种粮大户、农机大户和农机合作社开展全程托管或主要生产环节托管，实现统一耕作，规模化

生产。

另外，合作社实现土地全托管，可以实现全程集约化生产，避免了与农户的经营分歧。在投入品、农机农艺、科技运用等方面，合作社可以自主决策，采用最佳方案，实现更高的效益。在本案例中，合作社通过全托管模式，顺利推进了整村土地流转，实现了规模化、集约化。

（二）满足成员差异化需求是合作社可持续发展的现实要求

我国农民合作社成员异质化突出，多元化显著，需求多样，层次不一。针对这种现状，合作社在制订服务方案时，要注意可选择性、灵活性、渐进性，分类施策，提供多样化服务"菜单"，而不是一刀切。在本案例中，针对成员的多样化、不断变化的需求，"粮食银行"模式不断适应演变完善，获得了巨大成功。

（三）良好的利益联结是合作社可持续发展的核心机制

在合作社组织设计中，利益联结机制起着"发动机"作用。在实践中，一些合作社与成员、成员之间关系松散，没有建立紧密的利益联结机制，有利则合、无利则分，或者一锤子买卖，双方一次性结清，后续的盈利或风险，都与对方无关，这样的合作社是不可能有凝聚力的。

在合作社制度设计中，要将利益共享作为贯穿始终的指导思想，在保障成员基本利益的前提下，创新利益联结机制，让合作社成员都能有分享发展红利的机会，激发成员的合作热情，真正达到社荣我荣、社衰我衰。在本案例中，全托管模式设计了"保障产量＋超产分红"的方案，既给农民吃下定心丸，又让农户可以分享红利；创造性地将粮食由"死"财产变为"活"资产，让成员有机会享受增值收益。紧密的利益联结机制，让合作社与成员休戚与共，实现滚雪球式的发展。

（四）市场是解决合作社资金瓶颈的根本途径

融资难一直是合作社发展的主要障碍，合作社、政府及各相关方都在努力求解，摸索了不少办法。正如十八届三中全会决定所提出的，使市场在资源配置中起决定性作用，解决合作社融资难的根本途径还是市场。在本案例中，成员、联合社、农机生产厂家三个市场相关主体，通过"信用担保＋分期付款"安排，解决了农机产品销售的资金问题，达到了各自目的，实现了合作共赢。

附件9：

河南省商水县天华种植专业合作社土地全托管合同

甲方：商水县天华种植专业合作社

乙方：

　　甲乙双方依据《农村土地承包法》《农村土地经营权流转办法》《合同法》等有关法律、法规和国家有关政策的规定，本着平等、自愿、有偿的原则，就乙方承包的土地交由甲方托管事宜商量一致，订立本合同。

　　一、乙方承包的_____亩土地，自_____年_____月_____日至_____年_____月_____日，交给甲方托管，种植小麦。

　　二、托管期间，由甲方全面负责管理（包括生产资料、从耕到收的作业），乙方支付甲方托管服务费，费用标准见附件一。

　　三、乙方有权对交给甲方托管的土地的管理情况进行监督，指导和提出合理化建设和意见。

　　四、甲方托管后，必须尽职尽责，小麦保障产量为500千克/亩，如果因甲方原因造成减产，达不到保障产量，由甲方进行产量包赔。超出保障产量时，甲方乙方三七分红，甲方为三，乙方为七。

　　五、被托管的订单小麦收获后归乙方所有，如果同意交给甲方收购，价格高于当地市场10%～15%。

　　六、因人力不可抗拒的自然灾害而造成的减产，甲方不负责赔偿，但乙方必须交足托管费。

　　七、本合同中未尽事宜，可经甲乙双方共同协商一致后签订补充协议。补充协议与本合同具有同等效力。如协商未果，可向当地人民法院起诉解决。

　　八、本合同一式两份，甲乙双方各持一份，法律效力同等。

　　甲方代表人：　　　　　　　　　　　　乙方代表人：

　　（签章）　　　　　　　　　　　　　　　　（签押）

　　　　　　　　签约日期：_____年_____月_____日

土地全托管服务内容及收费明细

（2014 年）

单位：元/亩

托管服务内容	小麦	玉米
种子	50	30
化肥	110	100
深松（3 年一次）	50	
旋耕	50	
播种	20	30
病虫害防治	30	30
收割	50	70
运输	20	20
费用总计	380	280

附件 10：

河南省商水县天华种植专业合作社大型农业机械购买协议书

产品提供单位：＿＿＿＿＿＿＿＿＿＿＿＿＿＿＿＿＿＿＿＿＿（以下简称甲方）

购　买　方：＿＿＿＿＿＿＿＿＿＿＿＿＿＿＿＿＿＿＿＿＿（以下简称乙方）

担　保　单　位：＿＿＿＿＿＿＿＿＿＿＿＿＿＿＿＿＿＿＿＿＿（以下简称丙方）

乙方购置甲方大型农用机械＿＿＿＿＿＿（乙方在购买时必须提供所在合作社营业执照、组织机构代码证、税务登记证、合作社理事会决议并加盖本合作社印章），现就相关事宜达成以下协议：

一、付款总额

甲方产品价格为每台＿＿＿＿＿＿＿元，其中国家政策补贴＿＿＿＿＿＿＿元，丙方信用担保＿＿＿＿＿＿＿元，乙方全额支付＿＿＿＿＿＿＿元。

二、信用担保款项偿付方式

丙方信用担保款项，由乙方采取分期付款方式偿还给甲方，期限为

_____年_____月_____日至_____年_____月_____日，每月
_____日前支付_____元。乙方分期付款的确认，以甲方给予乙方的收据
为依据。

三、乙方应按约定还清对甲方的全部欠款，否则甲方有权依照法律程序对
所售产品进行扣押，由此造成的损失由乙方承担，乙方支付欠款并自支付日始
以日息_____分支付延迟损失金后，方可解除扣押。

四、本协议履行过程中若发生争议，由三方协商解决；协商不成的，可向
甲方或乙方所在地人民法院提起诉讼。

五、本协议一式三份，甲乙丙三方各一份，自甲乙丙三方签字之日起生效。

甲方：（盖章）　　　　　　　　　　乙方：（盖章）：
签字：　　　　　　　　　　　　　　签字：
签订日期：　　　　　　　　　　　　签订日期：

丙方（盖章）：
法定代表人（签字）：
签订日期：

附件11：

河南省商水县天华种植专业合作社信用担保协议

甲方：　　　　　　　　　　　　　　乙方：
法定代表人：　　　　　　　　　　　法定代表人：

经双方友好协商，本着平等互利、诚实信用原则，就乙方对其成员购置甲
方农用机械进行信用担保事宜，订立以下协议：

一、合作内容：

1. 乙方成员凭乙方申请的购买指标，购买甲方生产的农业机械，在享受
国家政策补贴后，乙方信用担保售价的_____％，由购买者分期偿还。

2. 乙方信用担保的货款，由乙方协助甲方督促购买者及时偿还。

3. 乙方负责向甲方申请购买指标，协助甲方完善购买者手续等相关信息，乙
方须建立一定的防范风险措施，接受甲方在当地的产品代理商或工作人员的监督。

4. 信用担保合作期限自_____年_____月_____日至_____
_____月_____日，期限届满后，如双方愿意继续合作，可续签本协议。

二、本协议签订后，任何一方不得擅自变更或解除，如单方违约，应赔偿

对方的直接损失和预计的利润损失。

三、本协议未尽事宜，双方可签订补充条款，补充条款与本协议具有同等效力。

四、本协议一式两份，甲乙双方各执壹份，双方签字盖章后生效。

甲方（签章）　　　　　　　　　　　　乙方（签章）

经办人：　　　　　　　　　　　　　　经办人：

联系电话：　　　　　　　　　　　　　联系电话：

签订时间：_____年_____月_____日

专家点评：

2008年召开的中共十七届三中全会提出了构建农业新型社会化服务体系的任务，其中，农民合作组织处于基础性地位。作为农业社会化服务体系中的一个重要环节，合作社不仅要为成员服好务，如果条件许可，生产设施有剩余，如一些农机装备比较齐全的合作社，则可以利用自身的优势为非成员服务，从而创造更多的盈余，增加成员的利益分配数额。这样，合作社和成员之间的关系更加紧密，合作社在农村社区的声誉也会越来越好。河南商水天华种植专业合作社的发展就体现了这一特点。

天华合作社是主要由农机户组成的种植业合作社，一开始是由26个农户组成的小型合作社，拥有7台（套）农业机械。如何这些农业机械充分发挥作用是合作社首先要解决的问题，否则，合作社就失去了对农机手的吸引力。天华合作社最初是流转400亩土地种植小麦，后来又尝试着为外出打工的农民托管土地。这一尝试适应了大量农村劳动力外出打工、家中土地无人耕种的需要，加上天华合作社开出的托管条件比较优厚，前来托管土地的农民越来越多，合作社必须购买更多的农机。在土地托管的基础上，天华合作社又开展了粮食银行和贷款担保等业务，在满足农民需要的同时，合作社也越来越壮大。目前入社成员已有336户，拥有农业机械60台（套），无人植保飞机2架，有农机手80余人，实现了农业生产全程机械化，对周边农户的服务能力大大增强，合作社的盈利能力也大大提高，实现了双赢。

（孔祥智，中国人民大学农业与农村发展学院教授）

天华合作社以创新的做法用活了地，用活了粮，更是用活了农民的钱袋子，走出了一条"农民外出打工、我为农民打工"的种地新途径。

(罗毅，云南永善县惠农宝种植专业合作社理事长)

合作社采取因地制宜、因社制宜的方针，依靠科学、规范管理，尤其推出的粮食银行更是值得学习，缓解了合作社的资金问题，值得借鉴。

(江龙祥，安庆市宜秀区龙祥水产养殖专业合作社理事长)

从分散到联合：
土地股份合作社的成长之路

——基于崇州市青桥种植专业
合作社调查分析①

一、背景

近年来，青桥村青壮年劳动力外出务工人数增加，由于没有企业来租赁土地，也没有大户愿意承包土地，一度出现"无人种田"的局面。2011年，在崇州市政府的号召下，青桥村开始仿照杨柳土地股份合作社的模式，筹备成立合作社。青桥种植专业合作社的前身是青桥土地股份合作社和桥贵土地股份合作社，发起人分别是青桥村村支书罗巡虎和明水村村主任任建中。目前，罗巡虎是青桥种植专业合作社的理事长，任建中任青桥种植专业合作社的职业经理人。

2011年6月，桥贵土地股份合作社工商注册成立，办公场所设在原合村前的明水村村委会。2012年6月，青桥土地股份合作社在工商部门正式注册成立。成立之初，合作社规模不大，耕地面积只有100亩左右。秋季收获后，其他村民看到合作社取得了较高的经济效益，纷纷要求加入合作社。当年，青桥村及附近几个村的农民以村民小组为单位组建了10个"土地股份合作社"。这些"土地股份合作社"大多没有进行工商注册，而是仿照青桥土地股份合作社的运作模式开展经营。由于新成立的"土地股份合作社"聘请的职业经理人素质参差不齐，监管机制不健全，致使部分合作社出现亏损，影响了成员的积极性。2013年，这些"土地股份合作社"进行了整合，先后并入青桥土地股份社和桥贵土地股份社。

在粮食规模经营过程中，青桥土地股份合作社遇到了粮食晾晒难、仓储难等问题。为此，合作社社员自愿筹资、自主参与，建成了日烘干粮食200吨、

---

① 撰写人：高强

储存粮食 2 000 吨的烘储中心。粮食烘储中心总投资 598 万元，其中四川省补助 238 万元，成都市补助 150 万元，崇州市补助 50 万元，社员自筹 160 万元。为了加强资产经营管理，青桥村按照"利益共享、风险共担"的原则，由 89 户社员自愿入社，经工商注册成立青桥烘储股份合作社，通过合作社章程，健全了理事会、监事会等机构。2014 年，为了提高合作社的竞争力，青桥土地股份社和桥贵土地股份社再次进行合并，形成了现在的青桥种植专业合作社。

二、做法

由于青桥土地股份合作社和桥贵土地股份合作社是青桥种植专业合作社的前身，只有对合并之前的两个合作社分别进行分析，才能厘清青桥种植专业合作社的运行机制。

（一）分配机制

1. 青桥土地股份合作社

合并之前，青桥土地股份合作社共有社员 251 户、入社面积 636.54 亩，其中规模化统一种植面积 411.3 亩。合作社大春生产实现全机插秧，由耘丰农机合作社育秧，双流丰收农机合作社负责机插。小春全部种植大麦，亩产 300 千克，每 500 克单价 1.05 元。小春收入全部并入全年收益分配。

在财务管理及分配方面，合作社建立了较规范的财务账目。一般而言，合作社的重大事项和有关财务均能按规定公示，并留有照片。另外，合作社采取以表代账形式为每位成员设立了成员账户。根据规定，合作社设定 400 千克/亩的目标产量，生产成本按照每亩 700 元的标准由社员垫支。合作社销售收入减去生产成本后的纯收益由职业经理人与社员按 2 ：8 的比例分配，即 20％为职业经理人所得，80％分配给入社农户。合作社管理人员及雇工报酬实行包干制，由职业经理人在自己的报酬中提出适当份额，按各自的工作量发放。合作社享受的"种粮大户补贴"按兑现后的实际数额，以 1 ：2 ：3 ：4 的比例分配，即 10％为公积金、20％为合作社管理人员的报酬、30％为职业经理人所得、40％分配给入社农户。2013 年，合作社共筹集生产互助金 28 万元。全年总收入 477 119.25 元，收支持平，其中生产成本 265 333 元、社员分配 196 648.49 元（亩均收益 478.12 元）、职业经理人报酬 15 137.76 元。

2. 桥贵土地股份合作社

合并之前，桥贵土地股份合作社共有社员 179 户、入社面积 578 亩，其中规模化统一种植面积 411.3 亩。在生产经营方面，合作社大春种植水稻，同样生产实现全机插秧，由耘丰农机合作社育秧，双流丰收农机合作社负责机插。小春种植 160 亩大麦、亩产 300 千克，每 500 克单价 1.05 元；种植 370 亩小麦，亩产 300 千克，每 500 克单价 1 元。此外，合作社还转包给大户 38 亩地种植食用菌，合作社每亩收取租金 400 元。小春收入全部并入全年收益分配。

在财务管理及分配方面，合作社建立了财务账目。合作社的重大事项和有关财务均能按规定公示。与青桥合作社一致，桥贵合作社采取以表代账形式为每位成员设立了成员账户。盈余分配机制也与青桥合作社相似。2013 年，合作社共筹集生产互助金 20 万元。全年总收入 197 250 元，总支出 197 244 元，收支持平，其中生产成本 128 812 元、社员分配 68 432 元（亩均收益 396 元）、职业经理人报酬按纯利润的 20% 提取报酬 5 680 元，另外合作社提取管理费 3 460 元。

3. 青桥育秧烘储股份合作社

为发挥财政补贴资金形成资产的作用，尊重入社社员意愿选择，青桥育秧烘储股份合作社决定开展财政补贴资金形成资产股权量化试点工作，取得了积极成效。主要做法是：一是锁定股东，凡加入青桥育秧烘储股份合作社社员，并完成交纳育秧烘储中心项目建设自筹出资任务的社员，确定为合作社股份量化股东，共确认股份量化股东 89 户。二是资产移交，按照项目立项和建设要求，在项目建设竣工审后，与市财政局签订《资产移交及管护协议》，建立资产档案，落实管护责任。三是量化发证，对项目形成的经营性资产进行股份量化，主要包括：育秧大棚及其设施设备、烘储中心房屋及烘干设备、2 000 吨粮油仓储库房等设施，按项目竣工审计投资 598 万元，其中：财政补贴投资 438 万元、社员自筹 160 万元。经股东大会讨论通过，股权设置按每 1 元为 1 股计算，共设置财政补贴投资形成的资产股 438 万股、社员自筹投资所形成资产股 160 万股，登记发放《股权证》。四是股权管理，对持有青桥育秧烘储股份合作社《股权证》的，从持《股权证》之日 1 年后，经合作社理事会批准，可以通过转让、抵押、担保、继承和赠予等进行流转交易。五是收益分配，经营期内合作社所得经营纯收入，按股权权重分红。2014 年 11 月 30 日合作社进行首次分红，入社社员 89 户户均分红收入达 1 668 元。

4. 青桥种植专业合作社

受天气和农时的影响，2013 年青桥土地股份合作社和桥贵土地股份合作社两家合作社收支持平。由于受农机服务供给不足的制约，两家合作社临时在王场村聘请了 30 多个劳动力插秧。因此，两家合作社都感觉到需要通过联合进一步扩大经营规模，统一购买农机设备，以提高经济效益。目前，青桥种植专业合作社共有收割机 1 台，年收割面积 200 亩；拖拉机 2 台，耕地面积

1 200 亩；插秧机 5 台，插秧 1 300 亩。

在财务管理及分配方面，合作社有了固定的办公室，财务制度健全。合并之后，合作社仍采取保底分红模式（保产 800 斤/亩），但分配机制进行了调整，将 1∶2∶7 的超产分配比例调整为 1∶1∶8，即 10％公积金，10％职业经理报酬，80％入社农户。在盈余分配方面，2014 年合作社提取公积金 31 412 元，5 名职业经理人报酬共计 219 884 元，社员分配 729 582 元，合作社未分配利润 62 824 元。

（二）治理结构

青桥种植专业合作社合并成立之后，重新选举产生了成员（代表）大会、理事会和监事会。理事候选人由全体成员提名产生，差额选举。理事会成员 5 人，全部为农民，其中 1 名女性。监事会成员 3 人，都具备基本财务会计知识。理事长由青桥村党支部书记罗巡虎担任。罗巡虎今年 42 岁，当过 17 年的村党支部书记，自身也是种植大户，大专学历。2014 年合作社召开理事会 4 次，成员代表大会 2 次。一般情况下，理事会和监事会同时召开。每次开会都有会议记录。合作社重大投资决策和盈余分配方案都由成员代表大会决定。

按照合作社章程，理事会职责主要有以下 9 个方面：①组织召开成员大会并报告工作，执行成员大会的决议；②制定本社发展计划年度业务经营计划，内部管理规章制度等提交成员大会审议；③制定年度时务预算和决算议会分配和亏损弥补等方案提交成员大会审议；④开展成员培训和各种活动；⑤管理本社的资产和财务，保障本社的财产安全；⑥接受、答复处理和执行监事和监事会提出的有关质疑和建议；⑦决定成员入社、退社、继承、奖励、处分等事项；⑧决定聘任或者解聘本社经理、财务会计人员和其他专业技术人员；⑨履行成员大会授予其他职责。

监事会职责主要有以下 7 个方面：①合作社的成员大会的决议和本社章程执行情况；②合作社、生产经营计划、负责本社财务审核监察工作；③理事长或理事成员和经理人履行职责情况；④向理事长或理事会提出工作质疑和改进工作的建议；⑤提议召开临时成员大会；⑥代表本社负责记录理事长与本社所发生的业务交易量（额）情况；⑦履行成员大会授予其他职责。

（三）决策机制

职业经理人负责合作社的日常生产管理。原桥贵土地股份合作社的职业经理人任建中是青桥种植专业合作社的 5 名职业经理人之一。任建中作为村主任，在当地具有一定的威望。他先后参加了崇州市和成都市举办的职业经理人培训，取得了职业经理人证书，2014年竞评为青桥合作社职业经理人。调研了解到，担任村干部多年的任建中，显示出了较高的管理能力。例如，2014年合作社种植草莓40亩，收入近70万元，取得了良好的经济效益。同时，他把40多亩草莓、140亩葡萄、93亩稻田泥鳅分别集中在旅游环线、安仁连接线和稻香旅游环线一带，扩大合作社的影响力。

在合作社决策机制方面，青桥种植专业合作社职业经理人任建中与合作社理事会、监事会协调一致，表现出了较高的团结协作性，推动了合作社发展。合作社的生产计划、阶段性工作安排、生产布局等先由职业经理人提出方案，交由理、监事会讨论通过，再组织实施。同时，生产环节中出现的问题或是经理人新的发展计划都会先向理事会、监事会报告，经过同意授权后方才解决或实施。例如，任建中利用三家养殖场粪水和废水池搞了三个循环种植点，不但解决了三个养殖场粪水排放问题，避免了环境污染，还变废为宝，为农作物生产提供了优质有机肥，提高了农业附加值。稻谷销售价每500克达到2元多。经测算，三个循环种植点总面积500亩，每亩降低生产成本75元，每斤提高粮油副加值0.35元，直接增加经济收入202 300元。

在合作社运行中，农民或其他个人想应聘合作社职业经理人需要交纳10万元保证金，待完成年度目标、收益分配后退还。在管理方面，合作社理事长与职业经理人之间呈现出3种关系。一种是由村主要干部兼职理事长或综合管理能力较强的人员担任理事长。如青桥合作社理事长罗巡虎（支部书记兼职），又如枹泉镇"千丰"合作社理事长魏久明（曾任多年队长），再如枹泉镇"禾鑫"合作社理事长邓双泉（曾任多年队长），他们一般具有较高的威望，有利于协调村民关系，取得了较好的成效，但也会对合作社的民主管理带来威胁；另一种情况是由村主要干部兼职职业经理人。如隆兴镇"青桥"合作社职业经理人任建中（村主任兼职）。由于同属于村干部，他们一般都能与合作社理事长协调好经营管理过程中的具体问题，同样取得了较好的成效，但也会产生"相互勾结"的隐患；第三种情况是少数合作社的理事长与职业经理人都具有较强的工作能力，但双方职责不明、沟通协调不足、信任程度不够，影响合作社正常运营。如集贤乡的"涌泉"土地合作社。

三、成效

合作社实力不断增强。2012—2015年，合作社由100多亩耕地增加到1 646亩。成员由100多户发展到615户。同时，原青桥土地股份合作社509户社员中的89户还出资160多万元成立了青桥烘储股份合作社。目前，合并之后的青桥种植专业合作社属于省级示范社，注册了自己的品牌，可以开展农产品销售、农资购买、农机服务、农产品贮藏、技术服务、信息服务等多种业务，还新上了农产品加工设备。目前，青桥土地合作社已从过去单一的粮油种植，发展成为集粮食种植加工、果蔬种植和特种养殖为一体的新型现代农业经营主体。

取得了明显的经济社会效益。合作社实行统一经营后，生产水平和经济效益不断提高。2014 年小麦平均亩产 325 千克，水稻 578 千克，油菜 17.5 千克。全年纯收益将近 114 万元。此外，青桥烘储股份合作社财务单独核算，2014 年对外烘储粮食 1 250 吨，收入 30 万元。在提高经营效益的同时，合作社还极大地解放了农村劳动力。青桥村外出务工的农民多了，据初步统计仅务工一项农户就增加收入近 40 万元。如 78 岁高绍成，今年 4 月至 8 月已挣得务工费近 10 000 元（农忙时 1 小时 10 元，平时 1 天 60 元）。

当然，在调查中也发现不少问题，主要是合作社利益调节机制不健全，自控能力弱，遇到生产经营中的困难缺乏应对措施等。同时，从合作社财务管理情况看，普遍存在建账不规范现象。成员账户都是以表代账，需进一步加强规范力度。生产资金互助是解决合作社融资困难的有效举措，但存在社员参与不广泛，甚至存在只是少数几个人以集资形式充当生产互助金的现象。

四、启示

农村社区是合作社稳定发展的基础，反过来合作社的发展壮大又有助于社区建设。由于合作社的成立、运行及发展根植于所处地域环境，所以合作社的发展和壮大离不开农村社区的支持。正是由于青桥合作社与桥贵合作社存在地域相近、文化相通与优势互补等特点，合作社才会自发联合，从而带来了合作社的发展壮大。同时，又是由于同一社区成员之间的相互信任，青桥合作社的 89 名社员才肯出资 160 多万元成立烘储股份合作社。可见，农村社区为农民专业合作社发展提供资源支撑，是合作社发展的基础与动力。反过来，合作社的壮大也能带动地区经济发展，改进村庄治理，维持农村社区的稳定。

与农户相比，合作社可以率先采用先进的农业科学技术，增强农产品供给保障能力。农业科技创新和技术推广是促进粮食稳产增产的根本出路。随着生产经营规模的扩大，合作社往往率先注入现代农业生产要素，率先引进新品种与新技术，对保障国家粮食安全和农产品供给发挥重要促进作用。与传统农户相比，合作社拥有更高的科技创新能力与动力，是提高农业科技成果转化率、集成推广成熟技术的重要载体。例如，青桥合作社通过上马烘储、加工设备，拓展品牌建设、包装储藏、物流配送等环节，延长了产业链，增强了农产品供给保障能力。

土地股份合作社应以种粮增收为主题。因为只有千方百计增加合作社效益才能巩固和发展合作社，效益始终是合作社的出发点和落脚点。许多合作社在立足粮油产业、探索优质高效订单农业等方面取得了经验。如"楠木"合作社在立足于粮油产业的基础上，成功地探索了一条为客户生产优质稻谷的订单农业发展道路。合作社按客户要求种植的优质稻，不施化肥、不打农药、主动接受客户监督。合作社订单稻谷亩产虽然只有 225 千克，但每 500 克大米卖价就高达 20 元，并且供不应求。与此同时，也有部分合作社由于非粮化导致风险扩大，造成亏损，也严重影响了土地合作社的稳定和发展。因此，土地股份合作社应集中于种粮环节，在提质增效上下功夫，依靠高品质获得高收益。

根据合作社发展水平优化利益分配模式。目前，合作社盈余分配存在"除本纯利分成""目标产量超产分成"和"保底二次分配"三种模式。"除本纯利分成"模式由社员出生产成本，经营收益提取公积金后，由职业经理人与社员按约定比例分配。"目标产量超产分成"模式指由社员出生产成本，依据达到目标产量、超目标产量、未达目标产量三种情况，设立不同奖惩比例的分配方案。"保底二次分红"模式由社员出生产成本，经营收益首先必须保证社员基本收益，再进行纯利润二次分配。从调查情况了解到，只有部分合作社按"除本纯利分成"和"目标产量超产分成"模式运作，而大多数合作社实行的是"保底二次分配"模式，实际上多数合作社只是"保底"没有"分红"，这就意味着成员只是"利益共享"，而没有"风险共担"。这种模式中有相当一部分合作社已演变为"包干经营"或"发包经营"。在实践中，合作社应该根据自身经营实力和发展水平，及时调整优化利益分配模式。

需要进一步规范财务和民主管理制度。目前，大多合作社的规章制度停留在"写在纸上、贴在墙上"的状态。调查中发现，绝大多数合作社的财务账目只设有银行现金账户、收支流水账，社员账户基本上多是以表代账，只有个别合作社是按国家"农财两部"要求做账。合作社应充分认识到财务会计制度的重要性和必要性，健全规范的财务会计制度可以通过成本预算确保资金运作合理、生产有序。此外，大多合作社的民主管理制度没有真正落实到位，主要表现成员代表大会没有正常运转，在理事长、监事长（或执行监事）没有很好履行自己的主要职责。因此，政府需要进一步加强合作社管理人员培训，设立农业职业经理人专项培训经费，进一步规范财务和民主管理制度，提高合作社规范化水平。

专家点评：

　　青桥合作社的发展既是四川省崇州市土地股份合作制中的一个缩影，也是四川崇州探索合作经营方式的典型代表。这种探索对于解决我国当前谁来种地、怎样种好地、种地收益如何分享等问题具有重要的现实意义。首先，这种合作经营方式有效解决了农村劳动力大量外出后农地无人耕种的问题。最初的青桥合作社和桥贵合作社都是在这种背景下成立的。其次，这种方式能够充分发挥农村种田能手的作用。传统的合作经营，虽然把农民联合起来，但是完全实行民主管理、民主决策、按股分配，无法充分发挥生产经营能人的作用。青桥合作社通过引入职业经理人的机制，充分发挥了能人的作用，同时通过按照比例分配，也解决了职业经理人的激励机制问题。从这个角度说，青桥合作社是对传统合作经营方式的改革和创新，对于有效解决发挥农村能人效应提高农业生产效率与让农民共享产业发展收益两难问题有实践意义。但同时也要注意两个问题：一是防止过度补贴，失去推广价值。目前各地政府都认识了这种共营制的意义，给予了很多关注，同时也给予了一系列的政策支持和补贴。但如果大量补贴，会导致这种模式陷入政府补贴依赖，失去自身活力，难以复制和推广。二是防止内部人控制，沦为穿着合作经营外衣的大户经营。从目前看，青桥土地股份合作社理事长为村党支部书记，职业经理人也是村干部，如果民主管理机制不健全、账目不规范，则可能演变成为实质上的大户经营，农户只能获取保底收益。这样，这种股份合作制就有能成为大户获取政府补贴的外衣，而农民也难以享受到产业发展的收益，失去合作经营的意义。

（张照新，农业部农村经济研究中心研究员）

规范管理　实体运营　专注产业

——宜昌市晓曦红柑橘专业合作社成长秘诀[①]

伴随着《农民专业合作社法》的颁布实施，宜昌市晓曦红柑橘专业合作社用近 10 年的时间，实现了从 24 位成员到 1 500 多位成员，从 480 万总收入到 3.48 亿元总收入的巨变，在服务橘农增收、带动柑橘产业发展等方面发挥了重要作用。研究晓曦红合作社发展历史，不难看出其在规范管理、实体运营、专注产业等方面的孜孜探索与不凡成效，对全国农民合作社规范提质发展具有重要借鉴意义。

一、背景

2003 年，在当地经营柑橘生产销售的原宜昌长江上中游农业开发公司实行改制，这使得当地老百姓的柑橘销售一下子陷入了困境。一家一户进行生产，技术跟不上，产品质量不达标，销售更成了大难题，老百姓急得心火直往上冒，迫切希望有个组织帮助解决生资购买难、技术辅导难、柑橘销售难等一系列关乎民生的难题。为改变现状，对柑橘有着深厚情结的年轻人舒德华邀约 20 多位农民提出创建柑橘专业合作组织的大胆设想，并成立了宜昌市夷陵区第一家农民柑橘专业合作组织—宜昌市夷陵区柑橘协会。协会建后几年的运作，缓解了农民柑橘难卖等问题，但是协会会员游离性大、合作观念不强、服务效果不好等问题也暴露了出来。2006 年，舒德华等一班人通过深入分析，发现问题主要是成员与协会之间没有"拴得住"的经济纽带，没有"靠得牢"的利益共享、风险共担约束机制，为此舒德华与众人协商以"资金"入伙形式，建立了经济型合作社—宜昌市柑橘合作社，后来变更为"宜昌市晓曦红柑橘专业合作社"，从而走上了一条抱团发展、产业富农的创业发展路。

---

① 撰写人：李二超　于占海

二、做法

任何一家成功的合作社都有一套行之有效的经验和做法，晓曦红也不例外。经过多年摸爬滚打和探索实践，合作社逐渐形成一套适合自己的发展模式，即在不断加强规范化建设的同时，注重兴办实体推进企业化运营，深耕柑橘产业掌握话语权，最终实力不断增强，成效日益凸显。

（一）重视制度建设，强化规范运营

晓曦红合作社成立之初，就重视制度建设。截至目前，先后制定了涉及合作社管理的制度 14 项，涉及实体经济运营的管理制度和工程程序 54 项，形成了独具特色的"六位一体化"运营模式。

一是产权管理一体化。通过产权联系合作社和成员，对内部成员积极引导，寻求外部政策、项目和政府相关部门的支持，实现合作社、基地、实体、成员滚动发展。合作社规定凡是加入的成员必须缴纳一定的股金，2006 年成立时是 10 元/股，单个成员最多认购不超过 1 000 股；2014 年是 1 000 元/股，单个成员最多仍是 1 000 股。2014 年，合作社注册资本达 500 万元，全部为成员股和提取的公共积累及财政扶持资金的量化份额。

二是民主管理一体化。合作社内部实行"四会健全"（成员大会、成员代表大会、理事会、监事会）、"三公到位"（公平、公正、公开）、"两权分离"（执行权、监督权）和"一体化建设"（合作社与实体），用民主精神将合作社和实体与每一位成员串联起来，充分体现人人为我、我为人人、真诚相待、相互依存的合作精神。

三是品牌建设一体化。合作社以提高果品质量为出发点和落脚点，从基地建设、生产标准、品牌销售各环节统一了品牌创建工作。

四是运行机制一体化。在运作方式上，合作社实行"理事牵头、代表牵线、分层管理、订单服务"的经营体制。先进的合作理念与经营方式，增加了合作社的向心力与凝聚力，合作社成员每年增加 50%以上，经营规模每年扩大 30%以上，收到了合作与服务有机结合、成员愿与合作社共荣辱的良好效果。

五是核算方式一体化。合作社财务管理上采取统一核算，分层结算，责任兑现，盈余返还。设立成员账户，做到"一人一个账户，一人一份资产，每年分摊到户，年年盈余返还"。

六是发展壮大一体化。合作社、实体、成员三方合作共赢一体化发展，做到发展方向的一致性，计划目标的全面性，实施办法的适宜性，利益关系的协调性。

同时，为进一步壮大实体经济实力，增强合作社自身的造血功能，2014年初，合作社通过理事会和成员代表大会讨论通过，组建合作社的四大管理中心，即财务管理中心、项目管理中心、融资管理中心和档案管理中心，进一步规范了全社内务行政、财务、项目、档案管理，降低了各实体的管理成本，促进了合作社各项管理提档升级。特别是合作社投资12万元建成了标准化的档案室和档案查阅室，制定了一系列档案管理制度，于2013年被评定为湖北省企业、科技事业单位档案工作规范管理AA级单位，开创了湖北省首家农民合作社档案规范管理的先河。

(二) 兴办经济实体，实行专业经营

晓曦红合作社通过多年实践，逐步探索出合作社、实体与成员之间的合作共赢模式，按照"依托资源优势，建立系列企业，进行产业化经营"的发展思路，把不同产业环节的业务交由专业的实体企业进行运营，大大增强了合作社的发展活力，推动合作社各项业务规模不断扩大。在兴办实体企业过程中，合作社坚持产权清晰，做到合作社股份、成员个人股份和社会资本股份的明晰明确，并规定在每家实体企业股权中合作社股份和成员个人股份之和必须大于50%，确保合作社及其成员对实体企业的控制权。几年来，合作社先后兴办6个实体企业。

一是成立果业有限公司。2010年，合作社整合原汇丰果业、晓曦红精品车间、晓曦红外贸打蜡厂、农资配送中心四家合作社参股实体，成立宜昌市晓曦红果业有限公司，注册资金500万元，固定资产850万元。公司属于晓曦红合作社下属实体，主要从事柑橘产后加工、仓储、销售及品牌营销及承担相关项目建设。公司成立当年，积极承担合作社争取到的柑橘标准化果园集成技术运用项目、柑橘交易中心一期工程建设项目等，累计投入资金5 235万元，有力推动了合作社柑橘标准化果园建设，大幅提高了合作社乃至夷陵区柑橘产后加工处理水平。

二是成立农业科技开发公司。2011年，为加强合作社柑橘品种繁育、改良等工作，合作社成立农业科技开发公司。2013年开始，公司与华中农业大学合作开展柑橘良繁体系建设和产后投入品蜡液生产项目合作，相继完成40多个新品种的引进工作，筛选三大优良品种嫁接苗木10万余株，新建3 000平方米柑橘新品种展示大棚，完成40多个、1 000余株柑橘新品种的定植展示。

三是成立柑橘综合服务有限公司。2012年，为解决农村劳动力大量转移、土地经营乏力的问题，合作社采取股份合作、独立核算、自负盈亏、队员参与的方式，组建晓曦红柑橘综合服务有限公司，注册资金50万元。公司属于合

作社下属的服务性经济实体，内设技术、植保、果园管理、采果、经营销售、机械运输、物流信息 7 个服务队，制定《柑橘劳务服务标准》等 7 项管理制度与工作流程，探索出了一条"组织专业化、服务标准化、操作机械化、信息网络化"的农业社会化服务新路子。成立当年，累计组织专业服务队 3 000 多人次，动用机械 400 多台（套），开展服务 200 多项，服务收入达 119 万元。

　　四是成立农产品市场公司。 2012 年，为整合合作社销售业务，进一步拓展销售市场，合作社注册成立农产品市场公司，主要从事以柑橘为主的农产品市场销售。公司成立以来，积极通过农超对接、农商对接、精品销售、电子商务、外贸出口等形式，不断完善市场网络。2013 年，公司投资 20 万元，在天猫电商平台，建立晓曦红旗舰店，不到 10 天，创造销售 1 000 余件的记录。继续稳定满洲里、牡丹江口岸市场，产品持续出口俄罗斯。目前公司基本形成国内外、高中低市场销售网络格局。

　　五是成立果品深加工公司。 2013 年，合作社引进宜昌楚香源酒类贸易有限公司，共同投资组建晓曦红果品深加工公司，主要开展柑橘精深加工和猕猴桃酒的生产和销售。目前，公司已注册"橘液香"商标，进入了正常生产经营阶段。通过成立深加工公司，合作社以"晓曦红"牌为核心的宜昌蜜橘产业化经营格局已经形成。

　　六是成立投融资公司。 合作社成立后，提出"成员股与投资股"概念，成功地解决了创办实体过程中的资金短缺问题。然而，柑橘产业投资大、收益慢、利润低、融资难的现状导致合作社融资压力较大。为缓解融资难问题，合作社按照国家相关政策，开展了成员内部信用合作，按照"限于成员内部、服务产业发展、吸股不吸储、分红不分息"的原则运行。截止到目前，合作社 1 500 位个人成员中的 59 个参加内部信用合作，资金达 300 万元，运行效果良好。2014 年，在原内部信用合作业务基础上，合作社组建投融资公司，拟通过投融资方式进一步缓解合作社的资金短缺难题。

（三）专注柑橘产业，推进横纵延伸

　　纵观晓曦红合作社发展历程，可以看出其基本是围绕柑橘产业做文章，把单一产业各个环节做深做精，从而成为某一区域的行业翘楚。分析合作社专注柑橘产业发展之路，有几个方面值得总结和借鉴。

　　一是专注产品质量。首先是持续推进精品橘园建设。合作社依托综合服务公司，按照晓曦红柑橘生产标准，建设精品蜜橘核心基地 800 亩；积极推行柑橘隔年结果新技术，相继完成试验示范面积 100 余亩；加大橘园改造建设力度，提升精品橘园优质柑橘生产能力。其次是免费开展技术培训。合作社综合服务公司积极依托政府公益培训项目，通过手机短信平台、网站专题、技术专刊、现场培训指导等途径，大力推广普及柑橘种植管理14项集成技术，2013年全年组织技术培训会100多场次，培训3800多人次，成员人均培训3次以上，通过培训，基本实现了统防统治、测土配方施肥、科学修剪、规范采收，为生产优质柑橘打下基础。最后是创新生产服务模式。针对成员特点，合作社依托综合服务公司推行三种生产服务模式：针对有劳动力但缺乏技术信息的成员，提供施肥、植保等十多项单项服务；针对既缺劳动力又缺技术信息的成员，实行全年全程跟踪服务，推行托管服务，并建立年度服务档案；针对完全没有精力经营橘园的成员，依法进行土地流转，合作社对橘园进行长期租用，按年限支付土地流转费用，橘园收益归合作社所有。

二是专注品牌打造和产品行业标准制定。一流企业做标准、二流企业做品牌、三流企业做产品。晓曦红合作社的发展历程和提档升级充分说明这一规律。首先是在品牌打造上，合作社在专注产品质量的基础上，不断做大做强"晓曦红"品牌。聘请专业公司实施品牌策划和专业营销，致力挖掘"晓曦红"品牌价值和文化内涵。积极参加中国国际农产品交易会等高规格展示展销，推动"晓曦红"宜昌蜜橘进入高端市场。充分借助各类媒体加大"晓曦红"品牌的宣传力度，提升社会知名度。2012年，"晓曦红"精品系列产品销售50多万件。在相继成为湖北名牌产品、湖北省著名商标的基础上，2014年，"晓曦红"被评定为中国驰名商标。其次是产品行业标准制定上，合作社通过不断提升自身产品质量，一步步把合作社的产品标准上升为地方产品行业标准，掌握了区域内柑橘生产标准话语权。早在2007年，合作社就制定了《无公害食品晓曦红牌柑橘生产技术规程》和《无公害食品晓曦红牌柑橘产品标准》，大力在合作社内部推广。2008年，合作社制定了《晓曦红牌绿色食品标准》和《晓曦红牌绿色食品生产操作规程》，逐一落实到每个生产环节，逐步提升产品质量，获得农业部"绿色食品证书"。2011年，合作社制定并完善了《晓曦红柑橘果品标准》和《晓曦红柑橘生产技术操作规程》，实现合作社橘园优质果率达到90％以上，商品果率达到98％以上。2011年，还带头发起组织50多个柑橘打蜡加工厂，制定了《夷陵区柑橘打蜡加工公约》，在提高晓曦红柑橘品质的同时，增强了在区域内的行业号召力。2014年，合作社制定的《晓曦红蜜橘》和《晓曦红蜜橘生产技术规程》上升为湖北省地方标准，合作社一定程度掌握了湖北省蜜橘生产标准的话语权。

三是专注横向纵向各类资源的整合利用。分析晓曦红合作社发展历程，会发现不管在设置合作社股权、组建各类实体企业、加强市场话语权，合作社都比较注重资源的整合利用。首先是横向资源方面。2014年初，为整合湖北省区域内各类柑橘生产资源，实现全省柑橘生产优质高效，推动全省柑橘生产销售的适度规模和节本增效，优化产业结构。晓曦红合作社牵头成立了湖北晓曦红柑橘专业合作社联合社，推行"社社平等，股份运作"的管理模式，以"整合资源、优势互补、抱团经营、共同发展、利益共享、风险共担"为经营理念，分别在夷陵、枝江、远安、五峰、松滋、丹江口等地发展合作社成员单位15家，服务 3 400 多户农户，拥有基地 20 多万亩，辐射面积达 50 多万亩。其次是在纵向资源方面。合作社在发展过程中，积极与华中农业大学合作，借助科研院所的力量解决良种繁育和安全优质蜡液生产难题；与宜昌楚香源酒类贸易有限公司合作，借助专业酒类公司的力量，快速发展合作社自身深加工业务；与家乐福、天猫电商平台等市场主体合作，借助已有市场平台大力营销合作社产品；同时还积极申请承担政府财政项目，在扩大合作社社会效益的同时，自身也实现快速发展。

三、成效

在理事长舒德华的带领下，晓曦红合作社全体成员奋发向上，努力奋斗，把合作社从一个柑橘市场中的"小舢板"发展成一个湖北乃至全国柑橘市场中的"航空母舰"，取得的成效是有目共睹的。

一是通过规范管理，合作社发展基础牢。以制度建设为基础，晓曦红合作社在产权设计、民主管理、核算方式等方面加强机制设计和优化，既实现了合作社的科学规范运行，又为合作社高效运转打下坚实基础。特别是盈余分配方面，严格按照法律规定实施，保障成员利益，共同推动合作社做大做强。如2013 年，按章程兑现承诺，合作社把可分配盈余的百分之七十按成员业务交易额进行返还，在扣除应提留盈余公积、风险基金后尚有盈余 146 万元，返还成员 102.2 万元，成员股金分红 43.8 万元，成员每亩橘园平均收益 8 000 元，比普通橘园高出 1 000 多元。

二是通过实体运营，合作社发展活力强。晓曦红合作社通过兴办系列实体企业，不但将柑橘产业从橘园基础设施改造建设、柑橘种苗生产供应、果品初加工、储存保鲜、分级销售、深加工等各个环节进行了细化和专业分工，提升了专业化运营水平，而且通过成立投融资公司，在融资管理方面进行创新，使得合作社内部既保持了合作社的固有民主属性，又增强合作社的市场反应能力和运营管理水平，大大增强了合作社的发展活力。

三是通过专注产业，合作社发展后劲足。从成立之时，晓曦红合作社就知道品牌对发展产业，对提高产品附加值的作用，为此高度重视品牌建设，历经多年努力，"晓曦红"被评定为中国驰名商标。好的产品必须有过硬的质量，好的质量是按照好的标准生产出来的，不能引领行业标准，谈何成为行业龙头。晓曦红合作社经过多年努力，最终将合作社制定的《晓曦红蜜橘》和《晓曦红蜜橘生产技术规程》上升为湖北省地方标准，一定程度掌握了湖北省蜜橘生产标准的话语权。一手是著名品牌，一手是行业标准，有了这两个法宝，晓曦红合作社的发展后劲非常足。

到 2013 年年底，在短短不到 10 年的时间里，晓曦红合作社从成立之初时的 24 位成员，12 000 元出资额，一年的总收入只有 480 万，一跃实现了成员 1 500 余户，团体成员 15 个，兴办经济实体 6 个，拥有固定资产 8 000 万元，流动资产 3 900 万元，核心基地面积 1.7 万亩，网络橘农 10 000 多户，辐射带动柑橘面积 10 万亩，销售柑橘 10 万吨，收入达 3.48 亿元，用于成员股金分红和二次利润分配 146 万元，其中股金分红 43.8 万元，二次利润返还 102.2 万元。合作社先后获得全国农民专业合作社示范社、湖北省农业产业化龙头企业等荣誉，取得了社会效益和经济效益的双丰收。

四、启示

晓曦红合作社之所以取得一定的成功，与其采取的发展战略密不可分。每个合作社特点不一样，发展思路也不尽一致，但分析晓曦红合作社成功背后的一些因素，依然对其他合作社发展有重要的借鉴意义。

（一）合作社发展应因社制宜规范管理

目前全国合作社数量已突破 140 多万家，但发展良莠不齐，也经常能听到各方对合作社发展不规范的评论。首先，100 多万家的合作社，体量已经巨大，有好的和不好的实属正常，是事物发展过程中的必经阶段，我们应该持一颗平常心对待这种现象；其次，合作社自身仍需努力规范，只有规范了才能显示出合作社的特性，发挥合作社的组织优势，如果不规范甚至异化，虽一时可以，但长期来看必将导致合作社的失败；最后，政府的责任是引导合作社去规范发展，一定的行政手段可以运用，但更应注重创造一种公平的市场环境，利用市场力量倒逼合作社规范，例如可以采取重点对享受政府项目扶持和税收优惠的合作社进行审计，加大年报力度和公开合作社经营信息等手段，让规范的合作社行千里，不规范的合作社寸步难行。我们从晓曦红合作社的例子中可以看到，要想发展壮大，首位是处理好规范与发展的关系，晓曦红非常重视制度建设，推行民主管理，才为其发展壮大打下坚实基础。

（二）合作社发展应灵活运用股份合作

关于合作社中的股份合作，《农民专业合作社法》中没有专门规定，但实践中越来越多的合作社在运用，同时，股份合作也是国外合作社经常运用的一种产权制度。晓曦红合作社从组建之初，就要求所有成员无论多少，都必须投入一定股份，但同时又限定单个成员的股份数量，防止一股独大，保持合作社的民主特性。这一举措，使得晓曦红合作社所有成员"联股联心"，特别是一些投入股份比较大的成员，对合作社的经营更加关心，合作社的凝聚力很强，这为合作社开展内部信用合作和投资兴办经济实体都打下很好的基础，有力支撑合作社的发展。虽然《农民专业合作社法》中没有股份合作的规定，但我们还是建议，合作社在运行过程中，尽量设置一定的股份合作制度，让成员投入一定的资本在合作社，这对解决"目前我国合作社大部分成员对合作社经营不关心，认为合作社只是理事长"的问题具有明显的作用，同时，也建议在下一步的《农民专业合作社法》修订中，考虑增加一条关于股份合作的条款。

（三）合作社发展应积极兴办经济实体

合作社兴办经济实体，在国外发达国家习以为常，但在中国觉得很不寻常，认为很难，甚至没有必要。这与发达国家先发展农业合作化后发展农业产业化的路径有关，而我国合作社一诞生就面临着众多龙头企业的竞争，市场环境没那么好。晓曦红合作社成立没有几年就意识到，只有成立实体企业，才能解决提高市场竞争力和产品附加值的问题，但如何成立，合作社又发展出合作社、成员个人和社会资本共同出资的形式，并要求合作社和成员必须对实体企业控股，不可谓不聪明，事实证明成效显著。在当前我国市场环境下，合作社办实体应积极鼓励，但同时也要做到顺势而为：尽量不要举一己之力去办实体，这样速度慢，实力弱，应尽量去调动成员、市场合作主体的积极性，通过一定的产权制度设计，发展实体企业；不要对龙头企业避而远之，其实龙头企业与合作社某些时候是互依关系，在一个产业链上可以通过产权合作、订单合作等方式实现互利共赢，就看双方的经营智慧了。

（四）合作社发展应注重打造产品品牌

无数事实证明，打造、珍惜品牌，对合作社来说受益无穷。通过分析一些成功合作社案例，我们往往发现这些合作社都有一些叫得响的品牌。晓曦红合作社也不例外，近10年如一日致力于打造"晓曦红"品牌，把一个名不见经传的小品牌一步步打造成湖北名牌产品、湖北省著名商标，继而成为中国驰名商标，最终以"晓曦红"为名字的产品标准成为湖北省地方标准，可以说合作社把"晓曦红"品牌打造成了一个"金字招牌"，乃至目前牵头成立湖北省柑橘联合社，也使用"晓曦红"这一品牌，可以预见未来"晓曦红"将走向全国乃至世界。现实中，合作社往往熟悉于具体的产品生产，对于市场运营或者品牌塑造不是十分在行，这造成长久以来从事农业生产的传统农户或新型经营主体无法享受到品牌溢价的好处，以至于产品生产了不少，质量也不错，但是市场记不住。合作社要想在市场竞争中取得一定地位，一定要有树立品牌的意识，同时切忌随意更换品牌，或品牌定位不准确，要以一定的恒心坚持塑造自己的品牌，长久以往必将受益。

（五）合作社发展应善于整合各类资源

处于 21 世纪的市场环境中，合作社切忌单打独斗，要善于借势、顺势发展，达到事半功倍的效果。分析晓曦红的发展，可以看出其大部分时间都不凭一己之力做一个大的项目，合作社成立之时，就通过股份合作调动所有成员的积极性，特别是一些普通农户的积极性；后来在兴办实体时，又强调成员的积极参与和外部社会资本的引入，有效解决资金不足的问题；搞产品研发时充分借助华中农业大学的科研力量，通过共建基地等等方式达到产学研的充分结合；上马酒类项目时，又与有专业经验的酒企合作，迅速推出自己的酒类品牌；发展过程中又很善于巧借政府的财政扶持来实施项目，一方面帮助政府实现了社会效益，另一方面又为自己的发展注入动力。可以说，晓曦红合作社把如何整合各类资源借力发展做到了极致，很值得广大合作社学习借鉴。实践中，很多合作社往往抱怨自己缺钱，政府又不扶持，也很难与其他市场主体合作，不可否认，如何整合资源确实也是有一定难度的，但起码对于大部分合作社来说，要有这个意识，要注重联合合作，要想办法把自己的事做成大家的事，通过大家一起赚钱来增加合作社的收益，只有这样，广大合作社才能跟得上 21 世纪的市场竞争节奏。

专家点评：

基于农户经营的小规模、分散性和农产品市场的复杂性，需要通过合作社将农民组织起来，并利用合作社的机制合理配置各类要素。然而，因为农户的土地、资金、劳动力资源的短缺，制约着合作社的要素配置能力。这是为什么我国的农民合作社总体实力弱小的重要原因，也是影响当前我国农民合作社发展的瓶颈。

宜昌市晓曦红柑橘专业合作社通过实践摸索，找到了突破这一发展瓶颈的金钥匙，他们以合作社及其成员控股的方式，围绕产业链，组建了果业有限公司、农业科技开发公司、柑橘综合服务有限公司、农产品市场公司、果品深加工公司、投融资公司6家公司，极大地提高了合作社的资源配置能力和产业拓展能力，延伸了产业链条，降低了经营成本和经营风险，使合作社的道路越走越宽广。

合作社兴办公司，并持有公司的多数股份，可以体现合作社成员对公司的控制，而不是将合作社作为公司附属的生产车间，能够最大限度保护合作社成员的利益。

晓曦红柑橘专业合作社的成功，原因是多方面的，除了兴办实体外，健全的管理制度、规范的运行机制、较高的产品质量标准、严格的技术规程、持续的品牌推广等，都是其发展过程中积累的宝贵经验，这些经验，对我国现阶段多数合作社的发展都具有重要的借鉴价值。

（任大鹏，中国农业大学人文与发展学院教授）

制度制定难，晓曦红合作社能够根据合作社实际制定68项制度，实属不易；制度落实难，晓曦红合作社能够严格按照各项制度办事，使各项制度真正落到实处，实属不易；兴办经营实体难，晓曦红和额做和兴办的6个经济实体，提高了合作社的经济实力、发展活力和带动能力，实属不易；品牌创建难，晓曦红合作社花大力气打造金字招牌，提升了合作社市场形象，增强了市场竞争能力，将产品销售到国际市场，实属不易。

（赵晓春，山西省运城市农村经济管理中心合作社辅导员）

遵循市场规律　增强服务能力

——以江苏省宜兴市坤兴养猪专业合作社为例①

农民合作社通过农户间的联合与合作，扩大了规模，增强了实力，提高了市场地位，成为带领农民参与市场竞争的现代农业经营组织。宜兴市坤兴养猪专业合作社将养猪户组织起来，以市场为导向，改良品种，实施标准化生产，拓宽销售渠道，稳定产品价格，帮助养殖户获得更高收益。与散户相比，成员养殖户的管理越来越轻松，收益越来越高且更有保障，这一切源于宜兴市坤兴养猪专业合作社的组建和发展。

一、背景

提起坤兴养猪专业合作社，不得不提起杜小坤。1999 年，杜小坤就动起了养猪的念头。杜小坤告诉我们，养猪就是为了赚钱。他有个简单的计划，一年养 1 000 头，每头每年挣 100 元，一年挣 10 万，10 年挣 100 万，然后就退休。2000 年，杜小坤东拼西凑 37 万元，加上自己的积蓄 7 万元，共计 44 万元，注册成立了宜兴市坤兴生态农业有限公司。因为对养殖技术不了解，对市场也不熟悉，到年底亏了 4 万元，2001 年更是亏了 10 多万元。为什么没挣钱还赔了钱，杜小坤想不通。他找到宜兴市畜牧兽医站，站里同志实地查看后，认为养殖环境差导致疫病多，病死率高，要挣钱必须搞好养殖环境建设。为此，杜小坤不断学习、考察，在当地技术部门的指导下，改善养殖环境，疫病得到有效遏制。养殖技术难题解决了，怎么把猪销售出去又成了一个难题。

为了更好地拓展市场，杜小坤一直在跑销路。2002 年，杜小坤联系到浙江萧山一家生猪屠宰公司。对方关心的是养殖规模有多大，品种怎么样。该公司负责人表示如果品种不好，年出栏没有 1 万头，双方就不可能合作。杜小坤告诉我们，当时公司的年出栏量只有 2 000 多头，与屠宰公司的要求相差甚远。按照该公司的要求，养殖场必须要存栏 500 头母猪，按每头母猪 1 万元的

---

① 撰写人：李世武　张亚平

投入计算，仅此一项就需要 500 万元。依当时的条件，杜小坤不可能筹集到这么大的一笔资金。那么，在资金有限的前提下，如何扩大养殖规模呢，杜小坤想到了把当地养殖户联合起来、组团销售的办法。2001 年初，杜小坤联系 13 家较大的养猪场，本着"谋发展、强实力、拓市场、增收入"的愿望，在养猪方面开展了互助合作。随着合作经营优势的不断显现，2002 年 1 月至 8 月本镇又有 78 个养猪专业大户要求加入合作社。2003 年，在镇政府的指导下，以"民办、民管、民受益"为宗旨，经宜城镇政府上报至农办，批准成立了"宜兴市坤兴养猪专业合作社"。为了让养殖户紧密合作，抱团闯市场，杜小坤采取了一系列行之有效的做法。

二、做法

合作社成立后，主动市场需求，在规模销售、改良品种、培育品牌、科技养殖、融资担保、风险防控等方面，做了大量卓有成效的工作。

（一）销售服务

产品销售始终是养殖户关心的头等大事。能不能卖出去？什么时候能卖出去？能不能卖个好价钱？这些都是养殖户最在意的事。合作社所在地，是养猪特色村，但养殖户多是散户、规模不大、品种杂乱，销售对象多是猪贩子，被当地人俗称为"小刀手"。杜小坤说，去年有位养殖户，几次拒绝小贩的报价，希望市场价格能够回升，最后发现市场价格一直向下走，也没看到有好转的迹象，生猪养殖有个最佳出栏时间，过了这段时间，收益只会越来越低，无奈之下只好以很低的价格将生猪出售给小贩，心中满是不甘，但也无可奈何。这也是当地人把猪贩子称为"小刀手"的一个真实写照。

合作社组建的原因之一就是希望扩大规模，增强市场谈判地位，解决销售难题。合作社成立后，派专人跑市场，与宜兴市瑞德食品有限公司、无锡天鹏集团公司等企业合作，签订长期的购销合同，稳定了成员的销售渠道。

（二）改良品种

品种对养猪户至关重要。2001 年之前，杜小坤及当地的养殖户主要养殖的是太湖猪，太湖猪具有产仔率高、耐粗饲、母性好、抗病等优点，但生长速度慢、瘦肉率低。为了提高养殖水平、增加养殖效益，合作社利用本地太湖猪与其他优良品种进行杂交改良，改良养殖的品种有苏太猪（2002—2003 年）、太长大（2004—2006 年）和杜长大（2007 至今）。目前正在将太湖猪与纯种长白、大约克、杜洛克猪进行四元杂交，培育四元优质瘦肉商品猪，同时依靠扬州大学、南京农业大学等科研院校技术力量，对四元杂交进行筛选。

随着合作社规模不断扩大，对种猪和苗猪的数量需求更大。为此，合作社召开成员大会，在得到大家同意的基础上，成立了"百兴种猪场""盛农良种猪场"两家种猪扩繁场，"永谊良种猪养殖有限公司""科牧生态农业有限公司"和"陈亮养猪场"三家苗猪扩繁场，为成员提供改良品种的种猪及苗猪。

（三）饲料管理

做好饲料管理工作，不仅能够降低养殖成本，还能提高猪肉质量和产出效益比。据养殖户测算，生猪养殖中饲料成本占总养殖成本的 70% 左右。没有成立合作社时，养殖户各自为战，饲料来自于不同厂家，价格较高且差异较大。不同厂家的饲料配方不同，营养水平不一样，因此各养殖户生产的猪肉质量参差不齐，养殖效益差别较大①。合作社成立后，并没有强制要求所有成员都要由合作社统一购买饲料，而是采取合理引导的方式。在初期，按照自愿原则，由合作社统计饲料采购量，实行集中统一采购。由于采购量较大，合作社在采购过程中与饲料生产企业有了谈判空间，不仅保证了饲料质量，还大大降低了饲料购买成本。

饲料采购后，合作社按照采购价格直接配送到每个养殖户。对养殖户来讲，不仅价格便宜了，质量也有了保障，还节省了采购饲料的时间和精力。如此，越来越多的成员纷纷要求由合作社来统一购买饲料。合作社通过统一购买饲料，不仅增强了成员间的凝聚力，还为成员带来了实实在在的好处。

（四）科学防疫

"家财万贯，带毛的不算"，折射了养殖行业的高风险。杜小坤在养殖初期就遇到了这样的问题，由于养殖环境不达标，疫病多发，导致病死率较高，不仅没收益，还亏了本。这样的问题，在其他养殖户身上也普遍存在。虽然各地都有畜牧兽医站，但面对千家万户的养殖散户，防治成本较高，导致防疫的服务与需求脱节。

合作社将散户组织起来，统一养殖品种、科学配制饲料，养殖过程基本同步，这为规模化、标准化疫病防治提供了良好的基础。合作社成立后，把疫病

---

① 不同类别的饲料，其营养配制不同，这直接关系到种猪生产性能和商品猪的生长速度及造肉成本。

防治放在突出位置。详细记录饲料、饲料添加剂和兽药的使用情况，包括饲料及添加剂开始使用时间、产品名称、生产厂家、批号/加工日期、用量、停止使用时间；消毒日期、消毒场所、消毒药名称、用药剂量、消毒方法、操作员；免疫时间、免疫数量、疫苗名称、疫苗生产厂家、批号（有效期）、免疫方法、免疫剂量、免疫人员等。这样一来，不仅规范了投入品的使用，还为产品质量可追溯提供了基础材料。

（五）注重科技

合作社始终把科技革新放在突出位置。第一，应用先进装备。合作社80％以上的养殖户由过去的圈养变为栏养、网养，自动喂料系统装置、清粪设备等科技装备一应俱全，部分成员还引进了意大利、韩国的科技生产设备。科技设备的引进大大提升了成员的养殖效率，目前合作社全员劳动力年出栏商品猪超过 500 头，超过全国平均水平。

第二，开展技术培训。合作社与扬州大学、江苏省猪病研究中心合作，聘请专业技术人员作为合作社专家顾问。同时，引进 60 多名大中专院校毕业生，不断培养他们成为合作社的科技中坚力量。针对合作社发展需求，逐步完善成员技术培训体系，并邀请国内外专家和技术人员为成员讲解养殖知识，年受训成员超过 1 000 人次，使成员的养殖能力和水平得到明显提高。

第三，推动理论与实践结合。合作社将所面临的问题，以科研项目的形式，积极组织专业力量开展研究，实现理论研究与实践发展的互促互进。合作社先后承担并实施了国家星火计划、江苏省农产品安全追溯系统等多个科研项目，内容涉及规模养猪养殖健康、无公害瘦肉猪、信息化教育平台、数字化养猪、物联网技术等，在解决合作社发展难题的同时，也大大推进了理论研究进度，真正做到理论与实践的结合。合作社目前已取得两项专利，还申报了一项无抗菌素添加的饲料的专利，制定的《猪场管理标准》获得标准计量部门的审核备案。

（六）风险保障

"猪周期"现象，表明猪肉市场价格飘忽不定，犹如过山车。这对养殖户的打击有时是致命的。一次规模投入，换来低位的市场价格，只会让养殖户背负沉重的债务，如果不能在短期内化解，唯有退出，这也导致养殖户数量变动，规模不稳定，给市场带来更加不稳定的因素。为有效规避、化解市场风险，做到未雨绸缪，稳定成员及规模，一方面，合作社采取互助合作、联户担保的办法，向金融部门争取资金支持，截至目前合作社已累计为成员贷款

1 300多万元，有效化解了合作社资金难题

另一方面，专门建立风险基金制度，即合作社对代销成员饲养的生猪，每头计提风险基金，在遇到市场风险时，启动风险基金补贴，确保成员的生猪养殖可持续发展。为此，合作社在章程第三十九、第四十条、第四十三明确规定，为实现本合作社及全体成员的发展目标需要增加出资，经成员大会讨论通过，每个成员须按照成员大会决议的方式和金额补充资金。根据成员大会决议，本合作社按成员当年实际销售生猪提留风险金20元/头，用于弥补成员生产经营中遭遇的自然风险和市场风险。本合作社如有亏损，经成员大会讨论通过，可用合作社累积的风险金弥补，不足部分也可以用以后年度盈余弥补或者采取减少资本总额的办法弥补。

（七）合理分配

农民专业合作社法第五章第三十七条规定："在弥补亏损、提取公积金后的当年盈余，为农民专业合作社的可分配盈余。可分配盈余按照下列规定返还或者分配给成员，具体分配办法按照章程规定或者经成员大会决议确定：（一）按成员与本社的交易量（额）比例返还，返还总额不得低于可分配盈余的百分之六十；（二）按前项规定返还后的剩余部分，以成员账户中记载的出资额和公积金份额，以及本社接受国家财政直接补助和他人捐赠形成的财产平均量化到成员的份额，按比例分配给本社成员。"

从法律规定可以看出，可分配盈余不是合作社必须要产生的。在成员与合作社发生交易关系时，合作社可以直接把规模化效益让给成员，减少不必要的环节。坤兴养猪专业合作社的管理成员，包括理事长、副理事长、营销人员、经纪人均不享受工资待遇，唯一能给他们的待遇就是通过合作社的规模、品牌优势，给自身带来增效增收。杜小坤在合作社创办以来，没拿过合作社一分钱工资，但是通过努力工作，在做大做强合作社的同时，他本人也从合作社的规模优势中获得了很好的效益。

（八）环境保护

由于养猪场粪尿污水排放、场地选址失当、环保投资不足等问题，导致当前猪养殖与环境保护的矛盾日趋激化，"限养令""禁养令"及强行拆移已屡见不鲜。2007年，太湖蓝藻暴发，为治理太湖流域水环境，养殖企业面源污染也被推到风口浪尖。在政府部门的指导下，合作社积极配合有关工作，将环境治理写入管理制度，把提高各成员污水处理能力作为环保工作的重点。

为实现养殖场的降排、减排、达标排放、零排，合作社积极进行三分离一净化改造、三级沉淀池建设、厌氧发酵工程建设、发酵床养殖，将养殖污水进行厌氧发酵、种养结合、资源化利用。目前已建立800立方米以上大型沼气，从污染物到沼气到发电及生产优质有机肥的大型沼气工程8个、中小型沼气工程60个，使养猪污染物减量化、无害化、资源化、能源化，走上了良性生态循环道路，年近百万吨猪粪、尿、污水得到治理，达标排放，合理利用。猪场的污染治理成为全省乃至全国的典范。

三、成效

经过十多年的发展，合作社经济实力、发展活力、带动能力都得到明显增强，养殖户实现轻松养殖、快乐增收。

（一）农户养殖更加轻松

坤兴养猪专业合作社在实践中，逐步形成并广泛实施"八个统一"的标准，即：统一品种改良、统一饲料配方、统一防疫程序、统一生产技术标准、统一品牌、统一销售渠道、统一科技管理、统一环境治理模式，大大优化了养殖品种、降低了生产成本，实现了增产增效增收。合作社通过标准化生产经营管理，为成员产前产中产后一体化服务，缓解了养殖户资金、技术、销售等方面压力，实现轻松养殖、快乐增收。调研中，成员纷纷表示，以前养猪不好养，始终都在愁技术、愁资金、愁销售，加入合作社后，压力小了，轻松了许多，收入也增加了。杜小坤给我们算了一笔账，合作社的商品猪销售价格比一般养殖户生产的生猪价格每千克要高出0.6元，按生猪平均头重100千克计算，每头可帮助养殖户增收60元。以2014年为例，合作社累计为成员销售商品猪8.2万头，销售额达1.2亿元，为成员增收492万元。政府高度重视合作社"溢价销售"模式，将其作为江苏省农民增收的五项措施之一进行广泛推广。

（二）合作社实力得到增强

合作社的组建，初期目标是为了与大型屠宰企业合作，解决生猪销售难题。成员只是在销售时联合起来，初步实现规模销售，但成员之间还是各拿各的钱，并没有建立紧密的利益联结关系。随着，合作好处的不断显现，特别是合作社销售价格略高于市场价且不欠款，很多养殖散户要求加入合作社，成员从13个增加到262个，成员范围从高塍镇扩展到宜兴全市，年销售商品猪从

2 000头增加到8万多头，为此合作社还获得了一定的市场定价话语权。在数量规模上取得一定成效后，合作社通过建立章程制度、健全组织机构、完善运行机制，实现内部规范运行。始终坚持科技养殖，应用先进饲养技术，装备先进设施，优化品种，创建品牌，改良环境，提高了养殖的综合效益，合作社生产的"坤兴"牌瘦肉猪获得了江苏省农林厅"无公害畜产地"认定证书和农业部质量安全中心"无公害农产品"的认证证书。合作社不仅是农业部示范农民专业合作组织项目单位，还被评为无锡市生态文明示范基地、国家生态市创建先进企业，全省十佳"四有农民合作经济组织"，全省百佳"四有合作社"，江苏省"五好"农民专业合作社示范社，"省农业科技型企业"等，2014年被评为国家农民合作社示范社。

四、启示

(一) 合作起来，好闯市场

合作社是市场经济的产物。在农业领域，小户、散户在应对日益激烈的市场竞争时，往往都处于弱势地位，权益自然也就得不到保障。但当这些小的分散的个体组织起来，就如同点滴之水汇聚成海一般，不仅在数量规模上层次，还可以增强生产经营管理能力，提升市场竞争能力，从而在市场竞争中获取更大份额的收益。坤兴养猪专业合作社是养殖户在面对市场竞争中，自发地逐步地发展起来的。刚开始，只是通过联合扩大规模，让产品更好销售。随着深入参与市场竞争，市场对产品的要求，倒逼合作社要优化养殖品种、应用先进养殖技术、实行品牌化销售、保护生态环境等，合作社也是在不断适应市场需求的基础上，稳步增强实力，扩大了合作社的带动力和影响力。

(二) 养殖在家，服务在社

随着合作社数量不断增加，合作社是生产经营主体，还是服务主体，还是既包括生产经营又包括服务的综合型主体存在着争议。农民专业合作社法第二条规定，农民专业合作社以其成员为主要服务对象，提供农业生产资料的购买，农产品的销售、加工、运输、贮藏以及与农业生产经营有关的技术、信息等服务。法律第三条第二款规定，农民专业合作社以服务成员为宗旨，谋求全体成员的共同利益。可以看出，法律规定的专业合作社就是为成员提供服务，也就是将合作社应是服务型组织。坤兴养猪专业合作社用实践证明，专业合作社完全可以做到生产在家、服务在社，实现规模经营的适度性与服务提供的组织性科学结合，实现生产经营服务的最优安排。

附件 12：

江苏省宜兴市坤兴养猪专业合作社章程（节选）

第四章　财务管理和盈余分配、亏损处理

第三十三条　合作社是经济核算主体，实行独立的财务管理和会计核算。经营自主，自负盈亏，有权拒绝任何单位与个人平调、挪用本合作社资产的要求。

第三十四条　合作社财务年度 12 月 20 日至次年 12 月 20 日。合作社依照有关法律，行政法规和政府有关主管部门的规定，建立健全财务和会计制度，实行每月 20 日（或每季度第 1 月 20 日）财务定期公开制度。合作社财会人员实行持证上岗，会计和出纳互不兼任。理事成员、监事成员及直系亲属不得担任合作社的财会人员。

第三十五条　合作社依据成员名册，为每个成员设立个人财产账户，用于分类记载本章程第五条第一款规定的成员出资和应当量化为成员名下的个人财产份额。

成员与本合作社的所有业务交易，与利用其提供服务的非成员交易应当分别核算。

第三十六条　财务年终了时，由理事长（或理事会）按照本章程规定，组织编制本合作社财务年度盈余分配方案年度业务报告、亏损处理方案以及财务会计报告，于成员大会召开十五日前，置备于办公地点，供成员查阅。

第三十七条　本合作社资金来源包括以下几项：

（一）成员出资 10 万元；

（二）本合作社每个财务年度从盈余中提取的风险金；

（三）未分配收益；

（四）金融机构贷款；

（五）国家扶持补助资金；

（六）社会捐赠款；

（七）其他资金。

第三十八条　经理事会审核，成员大会讨论通过，成员出资可以转让给本合作社其他成员，但不得转让给非本合作社人员。

第三十九条　为实现本合作社及全体成员的发展目标需要增加出资，经成员大会讨论通过，每个成员须按照成员大会决议的方式和金额补充资金。

第四十条 根据成员大会决议，本合作社按社员当年实际销售生猪提留风险金 20 元/头，用于弥补成员生产经营中遭遇的自然风险和市场风险。

第四十一条 本合作社对国家财政直接扶持补助资金和其他社会捐赠，均按接受时的现值记入会计科目，作为本合作社的共有资金（产），按照规定用途用于本合作社的发展。解散、破产清算时，由国家财政直接补助形成的财产，不得作为可分配剩余资产分配给成员，处置办法按照由国务院规定；接受的社会捐赠，捐赠者另有约定的，按约定办法处置。

第四十二条 当年的可分配盈余，经成员大会决议，按成员与本合作社业务实际交易量的比例分配。

第四十三条 本合作社如有亏损，经成员大会讨论通过，可用合作社累积的风险金弥补，不足部分也可以用以后年度盈余弥补或者采取减少资本总额的办法弥补。

本合作社的债务依照成员出资比例分担。

第四十四条 监事负责本合作社的日常财务进行内部审计，审计结果应当向成员大会报告。成员大会也可以委托审计机构对合作社的财务进行审计。

专家点评：

　　坤兴养猪专业合作社的产生和发展具有典型意义，体现了合作社的本质。首先，联合养殖大户组建合作社，是在理事长杜小坤单打独斗创市场遇到困难时才萌发的念头。杜自己成立了公司养殖生猪，由于规模小，屠宰公司不愿意与之签订长期销售合同。杜的想法得到了另外 13 个养殖大户的积极响应，他们应该也遇到了和杜小坤近似的问题。2002 年，又有 78 个养殖大户加入了合作社。实践证明，对这样的问题，只有依靠"抱团"即合作的方式才能有效解决。其次，合作社的本质是"生产在家，服务在社"，坤兴养猪专业合作社正是在关键环节为养猪户提供服务，而具体生猪养殖则由养殖户自己负责，从而做到责任明确、利益明确，有利于合作社的运行。从材料看，坤兴合作社实现了产品销售、品种改良、饲料管理、疫病防治、饲养标准、分散风险等多方面的"统一"，使养殖户得到了实惠。仅以销售为例，合作社的商品猪销售价格比一般养殖户生产的生猪价格每千克要高出 0.6 元，按生猪平均头重 100 千克计算，每头可帮助养殖户增收 60 元。2014 年合作社累计为成员销售商品猪 8.2 万头，销售额达 1.2 亿元，为成员增收

492 万元。再次，随着土地流转速度的加快，各地的专业大户、家庭农场蓬勃兴起。坤兴合作社的实践证明，专业大户和家庭农场的最佳出路还是领办或者加入合作社，单打独斗是很难适应大市场要求的。

（孔祥智，中国人民大学教授）

合作社让养殖户更有市场地位

——以江苏省高邮市阳光特种
水产专业合作社为例①

　　高邮市龙虬镇是江苏省著名的水产养殖大镇，经过二十多年的发展，罗虾养殖已经成为当地重要的富民产业。说起罗虾养殖，不得不提戴大喜——高邮市阳光特种水产专业合作社理事长，是他将当地养虾户联合起来，组建合作社，通过规模经营、统一服务，解决了饲料供应、养殖技术、市场销售等难题，帮助当地养殖户增收致富。

一、背景

　　1987 年，戴大喜考上中专，学习农村经营管理专业。毕业后，分配到龙虬镇强民村一家企业做会计，由于工作出色，1993 年被镇政府调至经管站工作。在经管站工作期间，由于工作需要，戴大喜与农民接触多，对当地罗氏沼虾养殖有了较为深入的了解。1994—1997 年，短短 3 年时间有十几个农户养虾每人赚了几万元。听说这个消息后，其他农户纷纷拿出农田养虾，有的把鱼塘也改来养虾。1998 年养虾面积猛增到 8 000 多亩。随之而来的是虾苗供应不上，更谈不上保证质量了。这一年虾苗价格疯涨，虾苗场赚足了腰包，而养虾户效益却一般。

　　针对这个现象，戴大喜想，如果能帮助养虾户找到稳定的供苗基地、掌握养虾技术，不就能解广大养虾户的燃眉之急，更好地带动农户养虾，帮助农民致富了么。基于这个想法，1997 年 11 月，戴大喜毅然辞去了"铁饭碗"，一头扎进了"虾海"，几年间以农民经纪人的身份为 12 个养虾户组织购买虾苗1 950 万尾。

　　随着虾苗价格的节节攀升，江苏、浙江两省虾苗场迅速兴起，由原来的10 家发展到 22 家，虾苗价格大幅回落。到 2000 年，高邮的养虾面积还在不断扩大，虾苗场也增加到 40 多家，到了虾苗放养季节，众多养虾户纷纷涌向

---

　　①　撰写人：李世武

苏南购苗，虾苗场家来不及供应。于是，有的虾场虾苗淡化不到位就出售，造成虾苗质量差，成活率低；有的场家缺数少量，而农户为防止数量不足，付款之后要求虾场送货上门，结果到塘口抽查点数，发现只有 6 折数，最高不超过 8 折，打电话要求虾场赔偿，虾场不答应，就被扣下了运输车，卸下了送货车的轮胎，打架、报警的事情常有发生；有的养殖户是男劳力出去购苗，等十多天后才能回来，家人多为妇女老人又不懂养殖技术，时间一长水质老化，造成苗种成活率低，到收捕时更是发现产量极低（这导致养虾户大面积亏损，少的亏损 4 万～5 万元，多的亏损 10 多万元），极大挫伤了农户养虾的积极性，等等。单家独户在激烈的市场竞争中，始终处于弱势地位，权益得不到有效保证。

在这种虾苗供求矛盾、信息不对称的情况下，戴大喜组织购买虾苗就没有发生一次矛盾，逐渐得到了广大养殖户的认可。为了帮助更多的养虾户购买虾苗，并提供技术指导，2000 年戴大喜与其他 3 个养虾户组建了"高邮市阳光特种水产经济合作社"，当时农民专业合作社法还没有出台，只能在高邮市民政局注册登记为民办非企业。合作社成立后，利用规模优势，采取系列做法，提升了养殖户的市场地位，增加了养殖效益。

二、做法

阳光特种水产专业合作社学习并掌握养殖技术、统一采购农资销售产品、健全组织机构，增强了养殖户应对养殖风险和市场风险的能力水平。

（一）学习养虾技术，让自己变得专业

在跑市场找虾苗的过程中，戴大喜逐渐认识到只有学好罗氏沼虾养殖的专业知识，才能选出好的虾苗。因此，只要有时间他就买来罗氏沼虾相关书籍自学，慢慢掌握了罗氏沼虾的生理特征以及苗种的鉴别方法。虾苗选购不成问题了，但戴大喜发现好的虾苗买回来后，由于养殖户的技术不过硬，导致养殖效益不高甚至亏钱。

作为合作社带头人，戴大喜感到不能只盯着虾苗，还要全面地学会养殖技术，只有这样，才能成为"领头雁"，养殖户才会相信你，合作社才具有竞争力，才能持续发展。为此，他花费几年时间、不厌其烦地到江苏省淡水研究所、中国科学院淡水渔业研究中心、扬州水产技术推广站等科研院所等科研机构，找专家询问养殖罗氏沼虾的相关技术和要点。他的真诚打动了一位罗氏沼虾专家，不仅赠送他一本罗氏沼虾养殖的专业书籍，还推荐他购买了一台水质

化验检测仪，正是这台仪器，为保障养殖环境提供了重要的技术支撑。至此，戴大喜终于打通了养殖罗氏沼虾的"任督二脉"。戴大喜利用学到的知识指导成员养虾，并利用仪器免费为养虾户化验水质，得到了成员的大力拥护。

（二）多措并举，让成员掌握养殖技术

合作社成立了技术指导站，制定了生产技术标准，设立了塘口养殖记录，保证产品质量。

（1）与技术推广部门签订技术服务合同，邀请专家进行技术培训，定期或根据实际情况到塘口进行指导。

（2）建立技术服务部，设立门店，综合利用社会资源，进行市场化运作，为农户提供水质化验、病害防治、渔需渔药销售等，专家定期坐堂门诊。

（3）由于成员分布地较广，跨乡镇，就划分为若干养殖区域，在本区域内落实一名兼职技术员，不拿报酬，由老养殖户带新养殖户，手把手教，传帮学带，看得见，摸得着。

（4）利用每年成员大会的机会，搭建平台，让成员相互交流养殖经验，互通信息。还安排养殖效益好的养殖户，为成员讲解如何降低养殖成本的经验做法。

（5）与科研院所合作，逐步推行生态养殖，保证产品品质。与江苏大学签订了产学研合作协议，共同攻关罗氏沼虾健康养殖、加工关键技术集成创新与示范。经过多年的实践与探索，合作社制定了罗氏沼虾幼虾增温培育技术规范和食用虾养殖技术规范，还参与编写了江苏省科技丛书之一《如何养虾赚钱》，参与制定了罗氏沼虾江苏省地方标准，申请了四项专利。因为这些工作，2012年合作社被江苏省科技厅评为"科技型农民专业合作社"称号。

（三）统一购买生产资料，保证质量降低成本

没有组建合作社的时期，养殖户购买种苗、饲料、药品等生产资料都是各自为战，而市场中鱼龙混杂，不少养殖户吃过亏、上过当。合作社成立后，由合作社直接与厂家联系，统一购买生产资料，增加了市场话语权，不仅保证了质量，还降低了成本。十多年来，合作社累计为成员节约成本1 200多万元。由于合作社起步早，需求量大，现在销往当地的虾苗价格基本由合作社确定。

水产行业种苗服务要求高、专业性很强，而且还关系到成员一年的收成，这就要求合作社在提供统一服务的时候，要做到货真价实、数量足、价格优，不能损害成员的利益。为此，合作社安排专业人员把关质量，安排服务人员上门确定数量，若遇到问题，合作社会第一时间安排专人到塘口鉴定损失，并做

出相应补偿，此举深得成员信任。以种苗为例，2011年合作社与浙江一家虾苗场达成供苗协议，总计为62个成员采购虾苗8 000多万尾。没多长时间，有1 420万尾发生了病害，价值40多万元。闻知此事，合作社立即派服务人员逐一到养殖户塘口进行实地鉴定，在很短时间内，重新免费补进其他场的苗种放塘饲养，最大限度保证了养殖户的权益。当年，有20多位养殖户通过经纪人购买虾苗，也发生了病害。养殖户找到经纪人讨个说法，经纪人表示赔不起，责任应该是虾苗场承担。没有办法，经纪人带领养殖户找到虾苗场，责任人闭门不见，于是拉电、堵门、打架、报警……最终还是不了了之，损失的还是养殖户。

（四）提供市场信息服务，有效降低市场风险

及时了解、预判市场信息，并制定科学的对策，这是在市场经济条件下做好经营的重要内容，也是最难以做到的工作。单个农户在生产经营中，往往没有意识也没有能力去捕捉市场信息。成立合作社，带头人始终绷紧市场这根弦，成为调研市场信息的主要力量，合作社成为养殖户获取市场信息的重要平台和渠道，并且因此而获益。2010年大年初四，当养殖户还沉浸在节日的气氛中，合作社理事会成员就已经为苗种供应出去搞市场调研了。当得知江苏、浙江两省部分苗种生产企业生产遇到困难时，预测市场供应量可能减少，虾苗价格将会大幅上扬，回来后立即召开会议，形成决议，大家分头行动，通知具备锅炉加温条件的养殖户及早做好准备工作，等待购进虾苗。2月24日至3月9日合作社为52个成员采购虾苗6 200万尾，平均价格155元/万尾。到3月10日，虾苗价格出现猛涨，由170元/万尾飙升至430元/万尾，且数量不多、质量不保。全市养殖户出现了大面积亏损，部分养殖户损失惨重，而合作社的成员不仅没有受到影响，多数还能盈利。

（五）稳定销售渠道，做到均衡上市

卖不出去，品质再好也枉然。合作社不仅要做好生产资料采购、技术指导、信息服务，最为重要的是帮助养殖户销售产品，并且要卖上个好价钱。2001年，高邮的养虾面积还在不断扩大，其中85%以上的商品虾，是养殖户一家一户用运输车拉到常州滆塘桥水产市场，200～400千克不等，在摊位销售。由于上市集中，供大于求，价格一路下滑，有时甚至跌至成本，往往是货多客少，造成滥市。对养殖户而言，货到地头死，不卖不行，真正是欲哭无泪。坊间流传着养虾就是"磕头买，烧香卖"。好多养殖户亏损，极大地挫伤了农户养虾的积极性。

为帮助合作社成员找寻销售渠道，在戴大喜的带动下，合作社精干成员兵分两路，分别奔赴山东、安徽、湖北和上海、江苏、浙江等地，联系水产商贩到合作社来收虾，合作社负责组织供应货源。功夫不负有心人，第二年就有江苏、上海的经销商来本地塘口拿货。产品有了销路，降低了养殖的市场风险，合作社在群众中也得到了良好的口碑。

经过多年的实践探索，合作社已经形成多条稳定的销售渠道。一是随行就市，按市场价直接收购成员的虾。这种做法比较符合成员的销售习惯，也容易操作。二是合作社与外地经销商签订了常年供应合同，代为收购。合作社向经销商收取服务费，不向成员收取任何费用。三是合作社在上海、南通、杭州等地设立销售窗口，利用现代物流技术手段，将收购成员的虾通过集中分拣、包装、装运到各个销售窗口，做到有组织、有计划地供应产品，实现了均衡上市，维护了产品市场秩序，有效解决了集中上市导致互相压价的弊病。合作社还直接与饭店、宾馆、乡镇的农贸市场联系，帮助养殖户销售，不仅减少了中间环节，还大大提高了成员收入。

（六）健全组织机构，加强民主管理

根据发展需要，适时修改完善合作社章程。自合作社成立以来，对章程就进行了6次修改。按照合作社的服务内容和业务格局，设立专门机构，成立了成员代表大会、理事会、监事会，组建了市场营销部、技术服务站、质检室、化验室、财务科等管理机构。明确各部门职责，建立完善的管理与监督机制，做到事事有人做、有人查。

成员民主参与，"三会"制度常态化。每年根据生产经营管理需要，在虾苗供应和成虾销售季节，召开至少两次以上的成员代表大会。考虑到合作社成员跨乡镇，每个成员代表需要负责自家的虾塘管理。为方便成员代表参会议事，合作社实行分片区召集开会，把各片区成员代表反映的意见与提出的建议，进行集中后再进行民主决策。理事会定期或不定期地召开会议，讨论阶段工作，布置各项任务，研究市场行情。监事会对成员代表大会决议执行情况、章程执行情况、财务收支情况及时监督，告知理事会，并公开所有成员。合作社还明确专人负责对各种会议进行记录，并及时归档存档。

三、成效

随着合作社服务能力的不断增强，成员享受到了统购饲料、科学养殖、产品销售、冷冻加工等带来的收益。

（一）合作社在服务成员中不断做大做强

从戴大喜一个人到几个合伙人，再到一群有着相同梦想的养殖户组建的合作社，合作社在发展中增强服务能力，在服务中不断发展壮大。自 2000 年成立以来，成员由创办时的 4 个发展到现在的 198 个，带动非成员养殖户 1 560 个，覆盖养殖面积由 300 亩增加到 11 960 亩。合作社在市场中地位越来越高，话语权越来越大，在购买生产资料和销售产品时，占据有利地位，为养殖户节本增收提供了组织保障。2014 年亩纯收入 4 500 元，户均纯收入 9 万以上，入社农户比非成员农户亩均养殖收益高出 30％以上。为此，合作社 2008 年被评为江苏省"20 佳农民专业合作社"，2011 年被评为江苏省"五好"示范合作社，2012 年被评为江苏省"百佳"示范合作社，2014 年被全国农民合作社发展部际联席会议九部委联合评定为国家农民合作社示范社。

（二）合作社形成产加销一体化发展格局

从最初的统购虾苗到学习养殖技术，再到培育品牌办加工，合作社在夯实养殖基础上向产前和产后延伸，从产业链条中获取规模效益。合作社通过为养殖户提供来源稳定、价格优惠、质量优良的虾苗统购服务，将成员紧密联系起来，形成利益共同体。在做好统购虾苗、掌握养殖技术的基础上，合作社适时地将业务延伸到包括罗氏沼虾养殖、销售、加工、信息咨询、技术指导培训服务、新品种养殖推广等方面，并注册了"沼源""海天冰山"两件商标，产品也通过了无公害认证。截至目前，合租艘和拥有 1 座 600 吨储藏库、1 300 平方米的加工车间、12 平方米的成员服务大厅、140 平方米的成员培训中心、270 平方米的成员技术服务中心和 460 平方米的办公用房，基本形成了养殖基地、饲料加工、水产市场、冷冻加工全产业链的经营格局。

四、启示

（一）以服务成员为根本宗旨

农民专业合作社法第三条规定了合作社应当遵循的基本原则，其中一条就是"以服务成员为宗旨，谋求全体成员的共同利益"。服务好成员，首要是要清楚成员的需求和困难。阳光特种水产专业合作社成立的初衷是为了帮助成员买到好虾苗；在组织购买虾苗的过程中，发现买到好苗只是第一步，还要学习掌握养殖技术；解决了技术难题，发现养出来的虾要卖出去，还要卖个好价钱；要想卖个好价钱，一方面产品品质要有保证，所以合作社统一采购了生产资料，安排了技术指导人员，另一方面产品要有品牌，还要延伸产业链条，获得更高的产品附加值，等等。合作社围绕成员在养殖中遇到的问题，开展规模化养殖、专业化服务、产业化经营、品牌化销售，实实在在解决了成员的问题。为成员提供服务，是合作社得民心，凝聚力不断增强的关键。

（二）紧紧围绕市场需要提供服务

农民合作社是市场经济发展的产物。了解市场、适应市场、引领市场是合作社的价值所在。如何了解市场，调研是前提，阳光特种水产专业合作社成立后，第一件事就是走出去，调研市场，了解罗氏沼虾的行业发展动态，特别是虾苗供应市场的基本情况，科学预判、积极应对，保证了广大养殖户的利益。如何顺应市场发展，合作社不把鸡蛋放在一个篮子里，开辟了多种销售模式，既有随行就市，又与厂家合作办直销，还在市场设置窗口，做到产品稳定有序销售，保证成员产品的销售。此外，要想获得市场地位，增强话语权，合作社办加工、创品牌，增加了产品附加值，为成员带来实实在在的效益。合作社始终围绕市场，为成员提供服务，成员顺应市场发展合力生产，在虾苗加工，市场销售等方面，拥有了较高的市场话语权，农户也因此得到了高收益。

（三）有能奉献的带头人

在合作社发展初期阶段，能奉献的创办人才能团结成员走得更远，但事实上这样的能人非常稀缺。毫无疑问，戴大喜对阳光特种水产专业合作社的组建、发展、壮大功不可没。能否如何处理好个人利益诉求与集体利益分享的关系，直接影响到合作社能否持续发展。戴大喜在初期就注意到这个问题，因此在帮助养殖户采购虾苗时，没有把个人利益摆在第一位，从来都是站在养殖户的角度看问题想办法，从而获得了养殖户的广泛认可和信任。也是有了这份认可和信任，合作社才能在他的带领下，建立起公正合理并被大家接受的规章制定，不断开疆拓土，不断提升发展，在罗氏沼虾整个产业链上，体现合作社在规模经营创效益、联手合作抗风险等方面的价值所在。

专家点评：

合作社的成功发展，往往是多方面因素共同作用的结果，但是核心的因素，是合作社的业务要贴紧成员对合作社服务的需求。在本例中，高邮阳光特种水产专业合作社就是因为坚持满足全体成员的共同需求的办社方向，从而得到了成员的认可与信任，合作社的凝聚力得到了提升，合作的优势也就得到了充分的体现。

不同的合作社中，成员的需求是不同的。水产养殖合作社中，成员对合作社的共同需求包括提高养殖技术、降低生产成本、获得稳定的销售渠道和分享加工增值收益。阳光特种水产专业合作社就围绕着这几个方面，通过带头人率先提高技术水平、与有关部门签订技术服务合同、专家坐堂门诊、按养殖片区设立技术员、开展成员间养殖技术交流等方式，解决成员养殖过程中的技术难题；通过统一购买种苗、饲料、药品等生产资料，降低成员采购成本，保障生产资料质量；通过专业的市场信息获取途径，降低成员的养殖风险；通过签订长期销售合同、在大中城市设立销售窗口等稳定产品销售渠道；通过品牌建设以及储藏、冷冻加工等方式延伸产业链条，提高产品的销售价格。这些措施的实施，解决了成员不会养、卖不出、卖不上好价钱等困难，合作社也从此走上了健康发展的道路。

以满足成员对合作社的共同服务需求为核心，是合作社形成凝聚力的关键，也是合作社发展壮大的前提和基础。

（任大鹏，中国农业大学人文与发展学院教授）

高邮市属于是江苏省里下河地区，为水乡平原，高邮湖、京杭大运河分布东西，是典型的生态养殖区，为江苏省水面最多的县份。

阳光特种水产专业合作社的成功，归纳起来看，有三点值得我们合作社认真学习。阳光合作社立足本地资源，找准该地区优势、传统、特有产业，是合作社是成功的基础。离开地方特色农业，合作社优势会很难显现，这是其一。戴大喜理事长从一个乡镇的经管人员，一步一个脚印，慢慢成长为既懂技术、又会管理、还能经营的致富带头人，与他的刻苦精神、奉献精神是分不开的。合作社不但需要实干家，还需要一个慈善家。这是其二。三是合作社把为民富、带民富作为工作的中心，成员实实在在参与，从养殖投入品采购到技术服务、成品销售，无时不有合作社的身影。离开了成员，合作社就失去了生长的土壤，生存的根基。

（刘进波，江苏省响水县兴旺小杂粮农民专业合作社理事长）

用企业化经营理念管理合作社

——以黑龙江省克山县永昌玉米种植专业合作社为例[①]

  黑龙江省齐齐哈尔市克山县素有寒地黑土之称，有着独特的地理优势和气候优势，被誉为"玉米之乡"。黑龙江省齐齐哈尔市克山县永昌玉米种植专业合作社的前身是大豆种植专业合作社，于 2013 年改为玉米种植专业合作社，种植面积达 5 400 多亩，办公区及厂房占地面积 2 万平方米，注册资金 1 500 万元，拥有员工 90 人，仓储能力 2 万吨，有烘干塔 2 座，年加工玉米产量 5 万吨。在众多的粮食种植类农民合作社中，永昌合作社以其高效的企业化管理推动合作社的快速发展，在克山县颇具影响力，其销售的稳定性也为合作社自身发展提高了吸引力，带动了周边农户共同致富。

一、背景

  黑龙江省是我国大豆种植面积最多、产量最大的省份，大豆种植遍及全省。种植面积较大的市县约 50 个，其中，齐齐哈尔市的种植面积在全省排名第二。由于该市无霜期较短，因此，该地区北部大豆种植较多，其中，克山县正是其大豆主产市县之一。

  正是在这样一个大豆主产县里，有一位能人孙大勇，借助地缘优产优势，经营着永昌粮贸公司，主要收购大豆。孙大勇在收购大豆的过程中也发现了一些问题，有时候大豆质量不好把关，有时候收购数量不够稳定。于是，2011 年，孙大勇与几个关系比较铁的农户一起商量。如何能既保证大豆的生产过程统一可控，又保证大豆的销路稳定？经 6 人协商决定，乘合作社大力发展之风组建合作。通过合作社统一管理统一经营既能保证生产与销售的稳定性，也能带动周边农户共同致富，为一乡百姓造福。于是，他们成立了齐齐哈尔市克山县永昌大豆种植专业合作社。

  合作社成立之初是以种植大豆为主。但随着农资价格、土地成本及人工成

---

  ① 撰写人：周忠丽

本的不断上涨,种植大豆的收益面临着"天花板""地板"双重挤压,每亩收益仅 80~90 元不等。如此收益已经越来越不能满足种植者的收入期望,更不能满足合作社成员的收入预期。于是,永昌合作社开始尝试调整种植结构,转种植大豆为主为种植玉米为主,因为玉米种植的亩收益一般能保持在 200 元以上。于是,合作社从 2013 年开始大面积种植玉米,所以后来更名为玉米种植专业合作社。而孙大勇经营公司的背景与经验也正成就了其合作社的管理特点——用企业化经营理念管理合作社。

二、做法

(一) 高效的管理机制

规模以上合作社的难点就在于管理,而永昌合作社的成功之处正是在于其高效的管理机制和先进的管理办法。其管理人员的架构如图 1 所示:

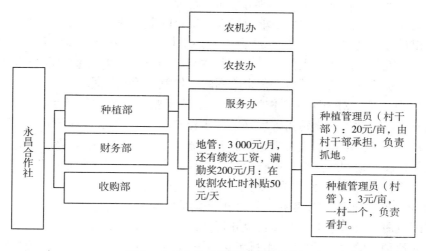

图 1 永昌合作社管理模式架构图

永昌合作社在管理结构上下分为三个部门:种植部、财务部和收购部。财务部和收购部都是直属于理事长管理,各自分管不同的业务。种植部是合作社管理结构中的一个大部门,有工作人员 47 人。种植部又有细分,细分为农机办、农技办、服务办和地管,地管又管着村管和村干部与种植相关的业务,村管和村干部的其他与所付报酬无关的业务不在地管的责任范围之内。

1. 农机办主要负责农机耕作、农机操作、农机监管等;农技办只是在农技上进行指导这 54 000 亩地的农业技术;服务办主要是负责种子、化肥、农药配送，组织人员分配，并负责及时收货。

2. 地管。地管是干啥的呢？比如，2014 年，永昌合作社所经营的土地涉及 10 个村，那么 2014 年聘用的地管有 7 位，因为有些村比较小，所以有几位地管可以负责看管两个村。

地管的工作贯穿整个生产过程。从开始的农户土地组成、村长的要利、土地的绘图，随后的播种、耕种，到接下来的收获，一直到粮食进仓，地管的工作才算完事。

3. 村管。村管一般由本乡镇下面的各村主任担当，也称为土地种植管理员。作为村管，每亩地管理报酬为 3 元，主要是负责对种植土地的看护。土地种植管理员的主要职责为：①协助播种，出苗后查看苗情，不让牛、羊、猪人等伤害庄稼；②庄稼成熟后负责看管以防丢失并预防火灾；③发现问题及时向本村主管汇报，由合作社种植部派人现场查看、作价并及时解决。通过村管，合作社种植的庄稼能得到外围的看护和管理，保证合作社种植土地免受外界的侵袭。但是，村管不负责生产种植方面的管理工作。

此外，村管还负责农地的承包工作。每年的春秋季，村管负责要地。当地的农田是分地到户，一户 20～30 亩不等。由村管来负责将地统计汇总。因为其身份本就是村长或村主任等，对于其本村的土地分配及经管情况非常熟悉，由村管负责要地之后，随后，负责绘图的工作就交给地管了。

4. 村干部。对于所有合作社来讲，土地问题是一个非常棘手的问题。土地质量不同，就土地流转而言，好地易于流通，不好的地不易于流转。所以，合作社在土地问题上也是困难重重。基于地缘优势，合作社采取迂回的方式，将合作社的土地问题交给村里。由村长或村支书来解决其本村的合作社土地问题，合作社按每亩 20 元作为劳动报酬发放给村里干部。

每亩 20 元报酬的任务有：将合作社成员一家一户的地收上来汇总，按地形整理成册；有些地形不合适机械化操作的，村里负责去改平；有些夹在中间影响成片种植的"钉子户"，由村里去协商换地，解决规模经营土地细碎化的问题。有些农户与村干部有积怨的，就拧着不把地拿出来入社；有些当地的小地主，因为合作社的经营占了他们的地，提高了地租，影响了他们的经营收益，就想着处处为难合作社，阻碍合作社的发展。这些问题，合作社作为一个经营主体，不便于出面解决，有些问题也没法解决。而通过每亩 20 元的劳动报酬，支付给村干部，很大程度上解决了在土地问题上的纠纷，协调平衡双方各种关系。对于村干部而言，其本身具有绝对的地缘优势，一则他们从事村里的各项管理工作，号召力强，与农户相对熟悉和信任，人缘好；二则他们亲戚众多，一呼百应，相比于合作社去找农户做工作容易得多。他们与地管发挥的作用不同，地管主要负责生产进行这一块，村干部与地管发挥着各自不同的功能。

（二）有效的激励机制

永昌合作社与田间管理人员签订《地管合同书》。田间管理人员负责对整个种植过程的全部监管，合同对乙方（田间管理人员，也称为地管人员）的职责和义务进行了明确的规定，并且将田间管理的成效与地管人员的收入直接挂钩。合同第六条对"工资待遇"进行了规定：圆满完成全年工作任务，没出现任何问题，所得工资3万元，如因工作不到位、不作为造成损失的应给予相应的罚款，在年终工资中扣除；合同第七条对"奖励待遇"进行了规定：秋后所管辖的土地亩数平均亩产量625千克以下的，没有奖励；亩产625～650千克，奖励0.50元/亩；亩产650～675千克，奖励1.00元；亩产675～750千克，奖励1.5元/亩。此外，合作社还设有全勤奖。如果每天上班，当月全勤信发放全勤奖每人200元。在生产经管的过程中，每个人每天还有50元的农忙补贴，补贴起早贪黑的辛苦付出。通过有效的激励机制很大程度上解决了规模经营的单产比不过散户的矛盾。

激励机制设计得再好，如果没有稳定的土地关系作为前提，也是"巧妇难为无米之炊"。所以，合作社在土地的稳定性上也做了一定的工作。合作社成员带地入社有协议，要求入社年限最低5年。因为只有年限达到5年及以上，合作社才能向土地要效益，才能保障激烈机制的有效实施，才能保障合作社的可持续发展。两年一深松，四年一翻地，如果入社只有1年期限，土地改良基本上无法实现，更谈不上效益的增加。

（三）稳定的合作伙伴

永昌合作社于2014年开始与黑龙江象屿农业物产有限公司合作。象屿集团是做农业全产业链的。合作社共有土地约54 000亩，其中有15 000亩土地是与象屿集团合作的。

合作社模式是：①这15 000亩土地上由象屿集团负责投资，永昌合作社负责种植管理。在这部分土地上产生的收益四六分成，象屿集团得四成，合作社得六成。②粮食生产采用订单式。合作社的土地上产出的玉米由象屿集团全部回收，在市场价的基础上其收购价每市斤加上两分钱。

对合作社而言，其产出的农产品有了稳定的销路，并且价格也有略占优势。大树底下好乘凉，与大的农业集团或企业合作，为合作社提供了相对稳定的销售渠道。

三、成效

（一）土地规模上，种植面积迅速扩大

2011 年，永昌合作社的土地规模为 5 100 亩，其中带地入社的有 3 000 亩，通过承包方式流转土地 2 100 亩，当时地租为 340~360 元/亩。合作社以种植大豆为主，每亩收益为 80~90 元。2012 年，土地基本保持原来规模。永昌合作社在实行了高效的管理机制后，在经营管理方面得到了周边农户的认可，在有效的激励机制下，合作社的土地规模迅速扩大。2013 年，合作社经营土地面积达 51 575 亩，全部种植玉米，以提升合作社的经营效益，增加入社成员的经营收入。合作社入社成员增加到 230 户。2014 年，合作社经营面积达 54 000 亩，其中种植大豆 2 500 亩，余下的全部种植玉米，每亩收益约 200 元，大大高于种植大豆的收入。好的收益提高了合作社成员参与的积极性，也增加了成员对合作社经营管理模式的信息，也对合作社的发展更加满足信心。总的来看，高效的管理机制与有效的激励机制推动着土地规模的不断扩大，同时，也保障着规模经营的正常运作与经济效益。

（二）劳动效率上，收获速度创造奇迹

永昌合作社经营面积达 54 000 多亩地，2014 年种植玉米达 52 000 多亩地。玉米成熟季节里，从开始收割到收割结束，仅仅用了 24 天。这不仅是在克山县，就是在整个黑龙江省，24 天收割完 52 000 多亩玉米地也是一个奇迹。从收割历史上来看，这个速度也基本上前无古人后无来者，这不是轻易就能办到的。在 24 天时间里，收割工作完全是军事化管理，在各村地管的努力配合下，在农机手的投入工作下，在理事长的高效指挥下，合作社获得了大丰收。抢收的 24 天中，各片区地管是几天几宿不合眼，对讲机全天候开机指挥。理事长曾在地里连轴转了 13 天，连收带销实现了一条龙服务。在企业化管理模式下，在各类制度的激励下，收割机不停地在地里干活，运输车辆及时跟上，各个环节，有条不紊。除与象屿合作社的 15 000 亩之外，合作社其他的产出也是销售给了象屿集团。如此大的土地规模，如此快的收割速度，如此的稳定的销售渠道，造就了永昌合作社的收获奇迹。

（三）经营收益上，入社成员增收明显

永昌合作社通过扩大规模，规范化管理，入社成员的增收效果显著。

以近两年的数据为例：2013 年，永昌合作社年经营收入为 5 281.28 万元。

其中，玉米亩产 640 千克，每 500 克 0.80 元。总支出约为 2 286.78 万元，本年度总盈余 2 994.50 万元。其中可分配盈余 2 787.57 万元，每亩分红 472.18 元。与当地不入社农民的亩收益相比，入社农民亩均增收 72.18 元。2014 年，永昌合作社年经营收入为 3 207.73 万元，总支出约为 1 482.30 万元，本年度总盈余 1 725.44 万元。其中可分配盈余 1 552.89 万元，每亩分红 464.27 元，比当地非入社农民的亩均增收 80 元以上。虽每亩分红略低于 2013 年，但相对于当地当时的收益来看，合作社成员的收益仍高于非入社农民。从 2013 与 2014 的合作社成员与非合作社成员收益对比情况来看，2014 年的优势更加突出。

（四）资金运作上，规范管理日趋合理

合作社的资金主要有两个来源，一是合作社的入股资金，二是合作社的银行贷款。合作社入股资金共计约 1 500 万元，由成员共同出资构成。此外，合作社积极申请贷款。永昌合作社 2014 年贷款有 800 万元，3 年期内循环使用。2014 年完成贷款手续上，每年都要还款，只是第二年就不需要再做贷款手续了，有需要时填个申请单就能用钱。这种模式对合作社以及对银行而言都相对有利，双方形成良性循环，为合作社的资金问题提供了一条有效的解决途径。

近两年，永昌合作社在资金运作上趋于合理化，其原因主要有四：第一，时刻关注资金的进出情况。什么时候有大笔支出需要提供备好，什么时候大笔贷款要到，怎么样把这笔贷款在不违规的前提下实现效用最大化，作为管理者，心中需要有本清清楚楚的账，既保证资金使用的合规性，又能保证合作社的信用程度，这是第一点。第二，在资金运作上对外要讲诚信。合作社在资金上也有短缺的时候，找同行周转 200 万元，他们在对合作社经营管理者足够信任的前提下进行拆借支持。如果对外没有信誉支持，这样的周转是不可能实现的。第三，做农业必须依托大的企业，实现产销一条龙服务，寻求与一些大的集团或企业支持与合作。通过合作，能保持合作社在销售上的稳定性，从而为合作社的资金使用也提供了相当的保障。第四，也是最重要的，合作社的规范化运营和高效的管理模式。合作社的规范化运营，其核心就是资金的合理规范使用。资金的规范使用又促进着合作社的规范化运营。有效的管理模式中，资金是灵魂。利益是最有效的激励手段，在有效的激励机制和管理模式上，资金用在了刀刃上，发挥了最大的效用，实现了资金在合作社运营中最大的价值。所以，资金使用的合理化也是在合作社的高效管理模式的基础上逐步形成的。

四、启示

现如今，合作社发展良莠不齐。总体上来看，生产方面相对而言问题不是很大，但管理是合作社普遍存在的软肋。永昌合作社固然有其发展的不足之外，但是，其将企业化经营理念用于合作社管理的思路与模式值得广大合作社管理者借鉴和学习。

（一）合作社发展的基础：组织架构层次清晰，职责明确

合作社不同于其他的组织机构，合作社的组织管理有其特殊性。在民主管理的大前提下，合作社作为一个经济组织，必须有其相对完备的组织架构，以保证合作社的规范管理和正常运转。永昌合作社采用企业化管理的组织架构思维，合作社设立有种植部、财务部和收购部，并且权责清晰。种植部作为合作社的生产种植核心部门，其管理的有效性直接关系着合作社的生命力。所以，种植部下属的农机办、农技办、服务办、地管、村管等，分工明确，各司其职，成为农民合作社发展的基础。

（二）合作社发展的动力：激励机制设计有效，执行到位

合作社的规模经营，相较于家庭经营，一般情况下规模经营的效益比不上家庭经营。规模经营虽然可以通过机械化作业降低单位成本，但规模经营的管理一般为粗放型，不如家庭经营的管理精细化。永昌合作社对地管的劳动成果予以充分的肯定与激励。每亩收益达到一定数量后会有相应的奖励。在有效的激励机制下，激发了地管的责任心和积极性，多收多得使地管精心地管理自己所辖片区的生产，这也是企业化管理的精髓。通过落实激励机制有效地调动了地管人员的参与性，为合作社的发展提供了动力。通过上下齐心、齐抓共管，推动着合作社的健康发展。

（三）合作社发展的核心竞争力：稳定销售效益，成员增收

大树底下好乘凉是优势。合作社的发展，销售是难点。如何能保证稳定的销售渠道，永昌合作社做出了榜样。永昌合作社与象屿集团的合作，保障了合作社 54 000 多亩粮食的销售。不仅在销售量上有所保障，在销售价格上也能比市场价每 500 克高出两分钱。这才是合作社经营与发展的核心竞争力。合作社的销售做不上来，生产做得再好也是徒劳。合作社发展因地制宜，不一定都能有"大树"乘凉，但合作社可以尽可能发挥自己当地的企事业单位及批发市

场等多种资源的优势，为合作社的销售打开市场，谋求较为稳定的销售渠道，通过销售保效益。只有成员在合作社的统一经营下获得略高于非合作社的收益，成员才愿意跟着合作社干。成员增收是合作社的吸引力，销售渠道稳定是合作社发展的核心竞争力。

（四）合作社发展的生命力：诚信经营有序融资，收支合理

现有合作社数量众多，大多数合作社都不停地强调自己"缺钱"。资金，对于任何一个企业来讲，都是生命力。合作社运转，需要资金；合作社技术投入，需要资金；合作社人才引进及人才培养，需要资金；合作社打造品牌，需要资金；合作社开拓市场，需要资金，等等。合作社的运营与发展的每个环节、每个步骤，都需要资金。然而，合作社的资金来源有限。首先，在入股资金上，永昌合作社有"大户"入股。合作社基本上都是农民组成的，靠合作社农民成员出资而形成的资本微乎其微。从永昌合作社的资金来源上可以发现，合作社带头人是一个资本实力相对雄厚的人，也就是合作社入社资金的构成"大户"。虽然合作社法对成员的资金入股最高比例有一定的限制，但在合作社发展之初，在资金来源非常困难的情况下，大户出资也不失为一个可取之法。只是在盈余分配方面在章程设计中规范清晰，不因大户入股影响合作社成员的利益分配。当合作社的发展资金逐渐充裕之后再将入股比例规范化。其次，在融资途径上，永昌合作社"两条腿"走。永昌合作社主要有两个融资途径，一是同行拆借，二是银行贷款。这"两条腿"对于现在大多数合作社来讲，都是比较困难的。同行拆借有两个前提：一是要有持有流动资金可拆借的同行，二是该同行愿意借款。这两个方面，永昌合作社都做出了表率。永昌合作社通过自己的经营实力、通过自己的高效管理，通过自己的诚信经营，赢得了同行的信任，可获得同行拆借。同理，也获得了银行的贷款。在融资上与相关机构和单位形成了良性循环，有效解决了资金来源问题。最后，在资金管理上，合作社做到"出入有序"。合作社在资金的使用方面也相对谨慎，为保持合作社资金链的有效运转，合作社始终保证有一定量的可用资金。近两年，永昌合作社在资金运作上趋于合理化，为合作社的发展注入了活力。

永昌合作社发展时间虽短，发展速度之快是有目共睹的，这与合作社高效的管理模式与先进的经营理念是密不可分的。"质量是合作社的生命、创新是合作社的源泉"。永昌合作社秉承这一理念，坚持真诚待人、诚信为本的原则，以优质价廉的产品、独特的管理运营模式，依靠完善的合作社内部管理体系，确保成员及客户的利益。以健康有效的管理为核心，插上创新的翅膀，永昌合作社有望成为克山县最大的玉米生产经销基地。

■■■ **专家点评：**

　　永昌合作社以其高效的企业化管理推动合作社的快速发展，取得了不错的成效。一是职责分工明确清晰，运营管理高效流畅。在保证社员内部管理的同时，引入"村管"等管理岗位，将合作社管理与村集体管理结合起来，有效地化解了合作社与村集体以及村民之间的矛盾，协调平衡了各方关系。二是奖罚严明，成员工作积极。在合理激励机制的作用下，成员与合作社"同荣辱，共进退"。三是销售渠道稳定，销售价格较高。通过与实力较强的龙头企业合作，在保证粮食销售渠道稳定的同时，提高了销售价格，社员收益提高。

　　在肯定永昌合作社取得成绩的同时，我们也必须看到其发展的不足。一方面，应加强文化建设。合作社文化是合作社建设与发展的灵魂，主要包括品牌文化、产品文化、合作社精神、社员价值观念、道德规范、行为准则等。永昌合作社要摒弃官文化和小农意识的倾向，树立自主、互助、公平、公正、公开的价值观；其次，永昌合作社发展过程中要以人为本，将合作社的发展和社员的发展紧密联系起来；同时，要创建自己的品牌，发掘品牌文化和产品文化，提高其市场知名度和市场竞争力。另一方面，永昌合作社要注重产业链延伸。在与龙头企业进行战略合作的同时，应积极推进一二三产业的融合发展，加大粮食的深加工，提高粮食的附加值，形成核心竞争力，提高其收益。以实现"合作搭台、成员唱戏，文化先行、品牌立地，产业融合、创造效益"的发展目标。

　　　　　　　　（李中华，青岛农业大学合作社学院院长、教授）

　　这个合作社的企业化管理案例为我们提供了一个新的合作社经营管理模式，也充分说明农民合作社在我国农业产业化经营中的重要作用，即解决了将来谁来种地和粮食安全的问题。农民加入合作社解决了耕作辛苦和农业风险，企业解决了原料问题，通过利益分配机制解决了普通成员的收入，合作社核心成员和对合作社有贡献的人员的收益也得到了保障。这是一个发展和运营非常好的能人带动型规模化粮食生产合作社。当此合作社再进一步发展开辟自己的粮食加工企业和在市场上形成有竞争影响力的粮食产品品牌的时候成员收益和抗风险能力将进一步加强，等等，这些经验都值得我们学习借鉴。

　　　　　　　　（马廷东，辽宁丹东圣野浆果专业合作社理事长）

公司领办合作社的运作
模式与组织绩效

——以山东烟台市牟平区广联
果蔬专业合作社为例①

烟台地处山东半岛东部，北濒渤海，地处低山丘陵区，山地丘陵面积占到了 76％左右，平均海拔 100～300 米；烟台属于温带季风气候，年平均降水量651.9 毫米，年平均气温 12.7℃，年平均日照时数 2 698.4 小时，平均相对湿度 68％，空气湿润，气候温和，非常适宜苹果、葡萄、樱桃等农作物生长。

烟台苹果历史发展悠久，1871 年牧师倪维思将西洋苹果树苗带入烟台，由此开始现代烟台苹果产业的发展史。烟台苹果曾在 20 世纪中前期经历过发展繁荣阶段，尤其是新中国成立后，烟台苹果靠自己的品质实现了对北京和中央国家机关的"特供"，赢得了全国范围的崇高荣誉和口碑。20 世纪 80 年代，烟台苹果经历了日本红富士、美国蛇果等的持续冲击，出口受阻，产业面临发展危机。随后在烟台市政府的全力推动下，烟台苹果仅用 8 年左右时间就实现了由传统品种向红富士等新品种的转变。从 20 世纪 90 年代中后期开始，苹果套袋技术得到了改良完善和大面积推广。进入 21 世纪以来，完整的苹果病虫害防治体系、果树修剪技术和果品冷藏保鲜技术得以建立，烟台苹果产业得到了更为明显质量提升。

广联果蔬专业合作社所在的烟台市牟平区是烟台苹果的主产区，也是中国苹果产业 20 强县（区）之一。牟平区苹果种植面积达到 27.1 万亩，年产量达60 万吨。牟平区共拥有农民专业合作社 800 多家，其中以苹果为主营业务的合作社共有 200 多家，广联果蔬专业合作社正孕育于这样的组织环境中。

一、背景

烟台市牟平区广联果蔬专业合作社由烟台市牟平区果品有限公司于 2007

---

① 撰写人：邵科　毕建英

年领办成立。牟平区果品有限公司成立于 1975 年，当时属供销社系统企业。1984 年之前，全区的苹果生产和销售都归果品公司管（苹果在当时属于国家二类物资由国家计划调拨）。1984 年之后果品销售全面开放，由计划转向市场。由于果品公司与农户之间的长期业务关系以及由此建立的信任基础，烟台市牟平区果品有限公司在其后的时间里，仍然保持了与农户之间的较好合作关系。这也奠定了果品公司和广联果蔬合作社稳健起步和发展的产业基础。

在其后的二十余年时间里，随着市场经济的发展深入，果品公司发现农户与大市场之间的供销矛盾越来越突出。大量分散、弱小的果农处于"被动挨打"的状态，果品经常卖不上好价钱；与此同时，果品公司在经营过程中也发现，由于交售苹果的农户生产技术水平参差不齐，导致收购上来的苹果品质不稳定，不少苹果农药残留超标，严重影响产品出口。面对这种局面，果品公司开始尝试建立标准化生产基地，探索与果农建立更为稳定的合同关系。

1998 年，公司开始领办 100 多个规模不等的苹果专业合作组织，这些组织也成为广联果蔬专业合作社的发展雏形。也是在这一年，果品公司完成股份制改造，从供销社系统独立出来。但在其后几年时间里，这些合作组织的发展并不如意，一方面合作组织的内部管理机制不健全，运转活力不足；另一方面合作组织的基础设施落后，服务功能缺失；此外，果品公司与合作组织之间的利益联结不够紧密，更接近于普通的市场买卖关系，无法实现"1＋1＞2"的整合效果。

2007 年，借助《农民专业合作社法》颁布实施的重大机遇，果品公司在工商局注册农民专业合作社，并直接入股到合作社中。广联果蔬专业合作社正式成立，组织发展步入崭新阶段。

二、做法

作为果品公司领办的合作社，广联果蔬合作社经营模式主要体现为"公司＋合作社总社＋分社＋农户"的产业化利益联结形式。这其中果品公司主要负责合作社成员种植苹果的收购、存储、包装、销售等工作；公司也帮合作社制定标准化的生产技术规程和果品质量标准，提供相对优质廉价的生产资料。

采取灵活的购销方式。果品公司有两种收购农户成员苹果的方式，无论哪种方式公司都会和农户签订生产合同。其中，40％的农户选择以高于市场价5％的方式将苹果卖给公司，不参与后期利润分配。这种方式的好处是可以实现"一手交钱一手交货"，缺点是无法获得更大的后续产品增值收益。60％的农户选择以市场价交售苹果，并参与后续利润分配。选择该种方式意味着公司首先会基于市场价给予交售农户以名义销售额（每名农户交售的果品都有数量、质量等级、销售价格和销售总额等的详细记录），其后，公司会根据本生产年度内苹果的最终销售情况与每位交售农户进行销售结算（一般当年交售的果品会在第二年的9月底前结清）。农户交售的苹果会按照苹果的果形、果径、成熟度等指标分成几个等级，每个等级苹果的最终销售价格按照该类苹果的市场销售均价执行。如果该等级苹果的最终销售均价高于农户交售苹果时的销售定价，则超出部分在扣除冷库储藏费等成本的基础上，利润部分由公司与农户之间实行1∶1的分成；如果该等级苹果的最终销售均价低于农户交售苹果时的销售定价，则公司会启动最低保护价机制，该价格为当年烟台市该等级苹果平均收购价下浮10％，按照该模式交售苹果的农户在生产年度结束时还能参与合作社经营利润的二次分配。因此，这种方式的好处是可以参与产品增值分红，但也需要承担一定的经营风险。

此外，从2008年开始，公司开始为成员果农的果园改造、土地流转等提供免息生产资金支持，该资金由公司给予垫支，公司给予的生产资金支持额度为不超过前3年交售苹果平均金额的50％。2013年公司总计为136位农户提供了372万元资金支持（表1）。同时，公司销售给成员农户的生产资料，允许成员赊购到生产季度结束时结算付清。

表1　2008—2013年公司提供给成员农户的生产资金情况

单位：户、万元

年　　份	2008	2009	2010	2011	2012	2013
获生产资金支持农户数	42	39	103	121	147	136
生产资金支持总额	79	103	279	309	416	372

充分发挥合作社服务成员的功能。合作社负责具体落实由果品公司制定的苹果生产技术指导和培训工作，并具体负责农资领放、果品集货等工作。其中，在生产技术指导上，合作社具体落实详细的服务工作，3位农艺师的工资由公司支付，其他技术人员的工资由合作社支付；在生产技术培训上，合作社每年都会组织4~5次业务培训班，让农户成员尽可能掌握最新生产技术。合作社本身不需要承担苹果的销售职能，也没有单独建设苹果冷库等，但是合作社负责成员农户果品的集货工作，果农无论采取哪种方式向公司交售苹果，合作社都能拿到5％的价格提成，这也是合作社最为重要的经营利润来源。同时，合作社在生产服务过程中还做了三项基础性的却又极其关键的台账性工作。第一项是基础台账，包含成员果园亩数、树龄、品种、土壤地质等。第二

项是采收台账，包含成员苹果的采摘时间、验货时间、入库时间及供货成员的编号和家庭电话等信息，并将之编码。第三项是生产台账，公司为合作社成员提供的纸袋、肥料、农药、反光膜等生产投入品，以及配送时间、使用时间等都有登记，特别是农户的每次果树喷药都进行登记签名。三本台账的建立非常有利于公司和合作社掌握成员的基础数据和生产过程信息，有利于产品后期追溯和更好为成员提供生产指导服务。

对于普通农户成员而言，其在生产过程中主要根据与公司签订的合同，在合作社的统一指导下，按照技术规程进行苹果的标准化生产。同时，普通成员可以以优惠价向合作社赊购农资，也可向合作社借支扩大再生产所需资金。

需要注意的是，合作社也收购非成员农户的果品，这部分果品达到了总交售额的 24%，但非成员农户的果品质量达不到成员农户的果品水平，这部分果品收购主要发生在苹果集中上市期，合作社主要根据客商的要求进行临时性收购，收购后会即刻销售给客商，或者集中投放到鲜果批发市场进行即时交易。非成员农户既无法享受合作社的利润分配，也无法享受合作社的技术服务指导与生产资金支持；虽能购买农资但是只能以市场价、现金交易方式购买。因此，成员与非成员的业务边界比较清晰。

实行良好的治理机制。广联果蔬合作社现在共有 1 762 位成员，拥有果园5 440 亩。由于合作成员规模较大，地区跨度较广，依靠总社工作人员难以管理与服务全体成员农户，为此，合作社组建了 38 家分社，这些分社设在自然村层级，分社负责人具体负责分社成员的农资配送、苹果集货和信息上传下达等工作。这些分社扮演了信息员、技术员以及"片区车间主任"等多重角色。总社基于 120/户/年的标准给这些分社理事长支付劳动补贴（需要注意的是，这些分社理事长在苹果集货、农资配送时只负责记账和收发货物，并不经手现金，因此较好规避了分社理事长的"寻租"空间）。

2013 年合作社共举行成员大会 2 次，举行成员代表大会 4 次（成员代表大会共有 58 名成员，包括 38 位分社理事长和 20 位普通果农代表）；2013 年合作社召开理监事会各 3 次，合作社重大事项决策主要采取一人一票的方式。具体而言，每遇到重大事项合作社都会邀请 38 位分社理事长、20 位成员代表、再加上理监事会成员等进行会议交流讨论和决策，较好体现了民主管理特征。比如，合作社最近几年都会举行苹果价格预测预警座谈会，该会议在每年的苹果采收前举行，合作社邀请成员代表参加，共同商定苹果的收购价格，给成员以充分的知情话语权，决策参与权，收益分配权。同时，普通成员农户也可以参与合作社的一些经营管理活动，比如通过本地区的成员代表（分社理事长）等向合作社和公司反馈各种意见建议，投资入股合作社等。

合作社拥有股东成员 206 位，总股金为 320 万，其中果品公司拥有股金 105 万元，是合作社的最大股东。合作社拥有 3 位理事会成员，持有合作社 8% 的股金；监事会成员有 2 位，持有合作社 1.2% 的股金。合作社理事会和监事会成员都从事苹果种植，其中理事会交售苹果 7.8 万千克，占合作社总收购量的 0.7%，监事会交售苹果 8.75 万千克，占比 0.8%。合作社的理事长由果品公司董事长林迎广担任，其持有 6% 股金，其他两名理事均为苹果种植技术人员，承担合作社技术标准制定、技术指导和培训工作，其自种苹果面积均为 6.5 亩。合作社聘请有总经理、专门的财会人员以及营销人员等，专业化程度高。由于理事长、总经理等几位核心成员同时在公司任职，因此其在合作社内的任职薪资由果品公司给付。合作社建立有成员账户，每半年向成员公布一次财务信息。

三、成效

过去几年里，合作社及其上游的果品公司和农户成员取得了较好发展成效。

对于果品公司而言，通过直接领办合作社，达到了稳定原料基地、降低原料采购成本、提高原料产品质量的效果。果品公司的生产、加工、销售的一体化水平也越来越高。公司 2013 年的销售额达到了 21 964 万元，出口创汇 1 000 万美元，2013 年的净利润为 775 万元。并且果品公司在发展过程中建立了 5 000 吨冷风库、3 000 吨气调库，年加工能力 12 000 吨以上，拥有的固定资产总额达到了 5 000 万元。公司也形成了较为稳定的产品销售渠道，产品畅销 30 多个国家和地区，70% 的苹果拥有较为稳定的大型客商（比如上海联华），其销售价格往往也可高出市场均价 20%～30%。公司注册的"养马岛"牌红富士苹果，被山东省工商局认定为"山东省著名商标"，中国绿色食品发展中心认定为"绿色食品"，并取得全球良好农业规范（G. A. P.）质量体系认证，公司已发展成为省级农业产业化重点龙头企业。

对于合作社而言，由于有果品公司的强大资金、人才、技术、市场等的多要素支持，组织发展非常快速而稳定。成员规模已经拓展到 1 762 人，种植面积达到 5 440 亩。合作社最大农户种植规模 29 亩，最小农户的种植面积为 1.2 亩，平均 3.48 亩/户（表2）。合作社的苹果生产也得到了烟台苹果综合试验站、烟台果树研究所等的支持，合作社还加盟了中国现代苹果产业技术体系。合作社因此可以借助国内最一流的科技力量加强果农培训，建立标准化果园基地，并在品种更新、果园管理、加工保鲜等方面站在了整个产业的发展前沿。合作社 2011 年被农业部授予"国家级示范社"荣誉称号。

表2　2007—2013年合作社（规模）农户成员和（规模）种植面积情况

单位：户、亩

年　　份	2007	2008	2009	2010	2011	2012	2013
成员农户数	926	1 021	1 470	1 710	1 762	1 762	1 762
成员种植总面积	2 800	3 100	4 780	5 190	5 440	5 440	5 440
规模种植成员数	13	29	71	103	146	146	146
规模种植总面积	156	320	736	1 100	1 570	1 570	1 570

注：本表所称规模种植户是指户均种植面积在10亩以上农户成员。

对于成员农户而言，通过参与合作社，既获得了更为稳定的销售渠道，也获得了更高（稳定）的苹果销售价格；农户的苹果树种、苹果种植技术得到了改进提高；农户也获得了优惠的农资供应和价款赊购；所有交售苹果的农户都基于交易量从合作社获得了利润返还。此外，60%交售苹果的农户成员从合作社获得了50%的销售增值利润，206位股东成员还从合作社获得了股金分红。尤其值得肯定的是，由于果品公司和合作社的存在，在一些苹果销售形势非常不好的年份，农户也能实现苹果的稳定销售，其售价通常能高于市场价（有时候能高于市场价20%），因此极大改善了农户成员的苹果种植收益。最终激励成员将95%以上的果品通过合作社交售给果品公司。2013年成员苹果的平均销售价为每500克5.8元，合作社成员苹果的亩均产值为2万元，苹果种植的净收益为1.2万元/亩。

2013年，合作社的营业额达到了7 638万元，共获得经营利润161万，实际提取公积金3%，提取公益金2%，提取风险金5%，合计16.1万元，用于扩大生产经营等。剩余的可分配盈余中有87万进行了盈余分配，其中60%基于成员的苹果交易量进行了利润分配，40%基于股金进行了利润返还，每个成员农户分得的盈余返利平均额为494元（表3）。

表3　2007—2013年公司、合作社和农户的生产经营收益情况

单位：万元

年　　份	2007	2008	2009	2010	2011	2012	2013
公司营业额	13 296	15 470	21 772	22 008	22 865	21 949	21 964
公司净利润	329	629	977	934	808	722	775
合作社营业额	3 510	3 860	6 137	7 836	7 669	7 039	7 638
合作社净利润	63	75	203	209	158	112	161
农民成员户均盈余返利额	647	734	819	1 015	624	420	494
成员户均苹果种植净收益	0.78	0.79	0.81	0.89	0.93	0.97	1.2

四、启示

广联果蔬专业合作社的发展非常有特色，它是苹果产业领域合作社发展的典型样本，有以下几方面经验值得总结。

一是前期业务积累奠定合作社发展基础。果品公司在长期发展过程中累积的销售渠道优势和与农户之间的长期业务合作关系，为其领办创办合作社，顺利度过和农户之间的信任构建期奠定了良好基础。公司拥有的冷库仓储设施设备、储备的果品生产管理技术和人力资源等又为合作社发展壮大提供了系统的资源要素支撑。

二是履行合约承诺优惠收购赢得成员信任。公司、合作社依照合同向果农收购苹果，哪怕在苹果产业发展困难时期仍然坚持履行合约承诺，甚至高于市场即时价格收购苹果，为果农生产降低了生产风险。农户交售苹果可以自由选择直接价格改进或者年底二次返利，也为农户提供了经济实惠，为其团结农户争取民心赢得了非常重要的口碑和声誉，确保了果农生产的95％以上的苹果都通过合作社交售给果品公司。

三是提供全方位指导支持奠定高品质果品。公司为合作社成员优惠供应农资，为需要改造果园的农户提供免息生产资金支持；合作社为成员提供标准化生产的技术服务与指导，为农户建立三本台账等多维度的生产指导支出与帮助，是农户能够生产高品质苹果的制度原因所在。公司、合作社、农户等产业链主体间正在朝着建立更为紧密的利益联结机制方向迈进，有助于高品质苹果的稳定可持续产出。

四是公司和上下游关系稳定化解市场风险。公司不且透过合作社与农户建立了非常稳定的合约生产关系，确保了苹果生产的保质保量，更为重要的是依托优质苹果，在长期的市场销售过程中与下游客商建立了长期稳定的合约关系。70％果品可以依托固定客商进行稳定销售的局势，确保了公司和合作社能够在近些年的苹果产业市场波动中保持稳定发展的态势。

五是公司和合作社之间组织关系有待厘清。广联果蔬专业合作社"总社＋分社"的组织模式有利于降低大规模合作社组织的内部沟通协调成本，但合作社发展仍然面临其他明显问题，主要体现为：合作社对于果品公司的依赖过重。合作社运营需要的资金、技术、人才和设施设备等关键要素实际上全为公司所掌握，一些功能要素名义上由合作社提供，实际上来源于果品公司，合作社缺乏更为独立的核心财产和业务能力。过去几年该合作社取得的良好发展绩效，离不开果品公司的强大运作。这种现状虽然有其现实合理性，但不是合作社的发展方向，也不是全国农民专业合作社示范社该有的组织运行状态。

未来合作社的发展，既会面临来自苹果产业波动的影响，也会面临成员农户老龄化挑战，更要面对组织自身的治理与运营挑战。合作社整体经营水平要想从优秀迈向卓越，除了需要继续提高经济绩效，也需要进一步提高规范化运营水平，更加符合合作社的组织宗旨。因此需要考虑在以下几个方面进行进一步探索：

一是合作社需要考虑进一步厘清和公司之间的业务关系，逐步构建起自有的冷库和苹果深加工的设施装备（公司和合作社可以互相参股），公司也要考虑将果品收购，农资销售等上游业务逐步让渡给合作社。也即合作社应全面培养和塑造组织核心竞争力，不能仅成为公司的生产车间。

二是合作社需要重点开拓提升销售渠道，尤其需要考虑尝试对少部分高品质苹果进行面向高端客户群的精准营销，同时也需要面向中青年人群加强基于互联网新媒体渠道的互动营销。

三是合作社可以考虑进一步规范和试点现有的公司牵头的内部生产资金支持业务，通过争取上级支持探索试点合作社内部资金互助业务。

四是合作社应更为紧迫预估到未来 5～10 年，60 岁以上的果农会加速退出苹果生产（无能力再从事劳动作业），在中青年劳动力补充越来越困难的（越来越少的年轻人还想再从事苹果生产）情况下，如何发现和培养苹果种植核心农户、合理推进适度规模化；如何在地处丘陵地带、又属劳动密集型行业的苹果产业引入适用机械替代人力作业，应是合作社需要重点回答和提前布局的问题和领域。

五是合作社可以探索进一步整合周边同业合作社（进行相关业务的合作联合），探索建立合作社联合社，进一步提高组织发展层级、行业竞争水平和博弈谈判能力，最终将合作社发展成为全国性的行业标杆。

▆▆▆ 专家点评：

广联果蔬合作社作为公司领办的合作社，以"公司＋合作社总社＋分社＋农户"的产业化利益联结形式为主要的运作模式，充分发挥合力服务成员的功能，采取创新性的购销方式和资金扶持方式，促进了公司、合作社、农户的协调发展。

广联果蔬合作社的创新之处主要表现在：一是"二次返利"的购销方式。

公司和合作社都以订单合同的形式向果农收购苹果，在保证收购价格的同时也降低了果农的生产风险。果农可以在交售苹果自由选择直接价格交易或者年底二次返利的销售方式，为农户提供了多元选择的机会。二是"三本台账"的社会服务。合作社为了给果农提供标准化生产的技术服务与指导，建立了"基础台账、采收台账、生产台账"三本台账，使公司和合作社掌握了果农的基础数据和生产过程信息，有利于产品后期追溯和更好为成员提供生产指导服务。三是"资金支持"的融资服务。公司和合作社会为果农提供免息的生产资金支持，以此帮助果农解决果园改造、土地流转等所需的资金缺口，使得果农和公司、合作社紧密的联系起来。

广联合作社在创新发展的同时，必须注意一方面要提升果品品质，以此增强果品的市场竞争力。加强"三品一标"的认证工作，提高合作社果品的知名度。另一方面要调整组织架构，理顺公司、合作社总社、合作社分社以及果农之间的关系，逐步改变合作社"空壳运营"的局面，以实现"合作为体，果品为根，产销并举，品牌为先"。

（李中华，青岛农业大学合作社学院教授）

一个合作社信用合作
业务的终结与启示
——以厦门琴鹭鲜花专业合作社为例①

厦门琴鹭鲜花专业合作社位于美丽的海滨城市——厦门市，是一家以菊花种植和销售为主导产业的合作社。该合作社建立于厦门市集美区勤鸿鲜花基地的基础之上，目前已经从单独种植鲜切花进行市场零星买卖发展到整箱托运远销，最终成立合作社开展集装箱出口外运。合作社成立之初，鉴于部分成员缺少发展资金，从2008年起便开展了面向成员的信用合作业务，为成员发展菊花生产提供资金支持，促进了合作社鲜花主导产业的发展。目前该合作社已经从最初单独种植鲜切花到市场上零星买卖，转变成为具有出口贸易权的规模化、专业化菊花产销合作社。这个合作社在开展信用合作过程中，制定了相关管理办法，形成了一个规范的流程，有效控制了风险，为我们发展合作社信用合作业务提供了有益的借鉴和启示。

一、背景

2007年10月，厦门市集美区后溪镇前进村20位村民自发组建了厦门琴鹭鲜花专业合作社。发起人张勤生说，当年成立合作社的目的，就是为了大伙共同卖鲜花，可以卖个好价钱。因为单个花农规模小，无法和韩国的贸易商签订合同。而组织起来后整体规模大大增加了，就可以与外商谈判，签订供销合同，相应的销售价格要高一些。他说，成立合作社后，每支鲜花销售价格提高了0.03元。按照每亩3万支花计算，亩增收900元。合作社成立后受到村民的欢迎，第二年入社社员增加到60多户。

合作社成立后，带动了该村和附近村民发展鲜花的积极性，但部分入社社员却由于缺乏资金，难以扩大生产规模。为了帮助解决入社社员的资金短缺问题，合作社在成立之初就酝酿开展内部信用合作的事情。2008年，经过讨论，

---

① 撰写人：任倩　王维友　郭娜英　申经改

开始组织社员开展内部资金互助。当年有 18 户社员参加，共筹集入股资金 8.64 万元，当年累计放款 5 笔，总金额 13 万余元，最长借款期限为 5 个月，最大借款金额为 2 万元。资金运作效果良好，社员得到一定分红，解决了社员资金短缺的问题。2009 年又有 12 位成员入股，入股资金达到 52.8 万元，2012 年 38 户社员入股信用合作。累计 68 户成员参股，入股资金达到 96.24 万元，已经形成适度规模的合作社内部互助资金组织。合作社和内部资金组织形成了相辅相成、互帮互利的发展势头。资金组织的壮大带动了合作社规模化、集约化的提升；合作社的发展又为资金组织提供了保障和发展平台。

二、做法

合作社在最初酝酿信用合作时，就提出了以合作社社员为主体，以自愿、民主、互利为原则，以社员内部的信用合作为活动边界，以资金借贷与自营业务相结合为标准，以利益共享和风险共担为基本条件，主要用于支持鲜花产业的发展理念，逐步在议事制度、资金管理、资金使用、收益分配等方面形成了相对规范的运行模式。

一是制定相对规范的管理制度和规则。为了确保合作社内部互助资金组织的正常运转和资金的有效利用，合作社制定了《内部资金互助管理办法》，实行自主经营、自我服务、民主管理和互相监督。明确提出信用合作的宗旨是通过调节社员资金余缺，满足社员生产资金需求。内部资金互助组织不吸收合作社以外成员的投资，也不向合作社以外的成员提供资金服务。资金的运转有以下几个特点：一是入股有收益、用款有费用；二是闲散资金得利益，急需资金得方便；三是资本有约束，比例有控制；四是吸股不吸储，分红不分息。

二是实施低门槛、连续入股的内部资金筹措方式。鉴于发起信用合作时，多数入股成员经济收入不高的实际情况，合作社把社员入股划分为资格股和流动股两种。资格股是按照合作社《内部资金互助管理办法》规定缴纳的成员身份股，资格股每股每年股金为 2 400 元，可以一次性缴纳，也可以每月缴纳 200 元，每位社员可以拥有多股，五年之后方可申请退股，股金决算后进行分红和返回。流动股是按照《内部资金互助管理办法》进行的一次性投资入股，每年按股金和收益情况分红。

三是成员放款主要用于鲜花产业发展。为保证互助资金切实服务于社员的生产、生活需求而不挪作他用，琴鹭合作社规定。社员的小额借款（1 万元以下）需由加入资金互助组织的社员提供联保才可支取现金；而用于基础设施建设（如大棚建设等）的大额借款不能支取现金，而是由合作社直接聘请施工单位帮助借款成员建设，建成验收后向合作社统一报账，由合作社支付给承建单位。互助资金也可用于成员向合作社购买农业生产资料，主要购销花卉生产资料与产品，但此类资金不超过互助资金总额的 50％。由于合作社集中采购价格低于市场价格，从而帮助社员取得实惠。社员向内部互助资金组织借款的同时与合作社进行产品交易，实现了资金与物资相结合，共同享用产生的利润。

四是采取多种风险防范机制。社员借款必须由股金担保。在没有其他社员担保的情况下，社员的贷款额按照其信用等级确定，但不得超过自有股金的 3 倍。社员借款超过其信用等级限额部分，必须由其他社员以股金作担保。该合作社还规定，单个农户贷款额不能超过总股金的 10％。琴鹭合作社还采取实物和现金结合方式防控风险，具体而言，就是要求借款成员必须将菊花交售到合作社，合作社从成员产品销售款中代扣借款，有利于成员及时归还借款。为了弥补风险损失，合作社还每年从信用合作收益中提取 10％作为风险准备金。5 年累计提取风险 13 万元。

对于因为重大灾害或不可抗拒原因造成的逾期无法还款问题，合作社通过成员评定办法报理事会和监事会核准，经成员大会批准后给予减息、免息或核销贷款。

五是采取分红不分息的收益分配方式。琴鹭合作社实行入股有收益，用款有费用。成员用款的资金占用费为月息 1 分。根据放款的收益，对入股成员按股分红，没有保底收益。按照股金缴纳方式的不同，一次性缴纳股金的社员比分月缴纳股金的社员在年底得到的分红稍多。2009 年年底，琴鹭互助资金实现每股返利 320 元；2010 年年底，一次性缴纳一股（2 004 元）的，每股返利 330 元，提取风险金 70 元；分两次缴纳一股股金的（每次 1 200 元），每股返利 310 元，提取风险金 70 元；按月缴纳一股股金的（每月 200 元），每股返利 250 元，提取风险金 70 元。据合作社理事长张勤生介绍，2008—2013 年每股收益在 300 元左右。但 2014 年后，由于没有成员借款，所有股金全部存入银行，入股成员收益将会大幅度降低，可能要低于银行 1 年期存款。

三、成效

信用合作的发展，有效解决了合作社成员发展鲜花的资金难题，推动了合作社的发展壮大。

一是带动了社员增收致富。通过信用合作，帮助成员建设钢架大棚和配套设施，采购生产资料，带动成员发展鲜花产业，增收致富。社员张能和收益最大。2008 年以前张能和由于参与赌博，欠下了 10 多万元的高利贷，生活难以为继。2008 年年底，他加入合作社后，贷款 2 万元，建菊花棚 1.4 亩，2009年底收入 2.2 万元；2009 年又贷款 4 万元，发展鲜花种子 3.8 亩，收入超过 10 万元。到 2012 年，张能和不仅还清了合作社的借款，也还清了 23 万元的高利贷（本息合计），还盖起了新房。张能和说起这个过程，由衷地说："我现在是无债一身轻啊！"社员张彩凤在 2008 年入股 4 800 元，陆续从合作社借款 10 万元，发展鲜花棚 10 亩，每年收入超过 20 万元，走上了发家致富的道路。

二是培育壮大当地的菊花产业。2008—2013 年，琴鹭合作社累计向成员放款 650 万元，建设 205 亩钢架大棚以及其他配套设施，增加鲜切花生产面积 300 亩，社员累计增加收入 120 万元。共采购生产、基础设施产品价值 700 万元，帮助社员减少支出 30 万元，同时合作社收益 13 万元。推动了当地鲜花产业的发展。

三是增强了合作社的凝聚力和发展动力。在信用合作的支撑下，琴鹭合作社的入社成员已经由当初的 20 名发展到 190 户，菊花种子面积也有 100 多亩扩大到 1 100 亩，销售收入也从 2007 年的 150 万元增加到 2013 年的 900 万元。2014 年，由于菊花价格大幅抬升，1～4 月，该合作社出口菊花收入超过 1 300万元。合作社通过资金互助，帮助社员解决了困难，更为社员带来了收益。合作社的发展也得到了社会和相关部门的认可。

四、启示

琴鹭鲜花合作社的信用合作的成效是非常显著的，也带给我们一些启示。

一是合作社开展信用合作对于解决成员融资难、促进合作社主导产业发展具有积极作用。在合作社发展的起步阶段，由于多数成员生产规模小、经济实力弱，亟须资金扩大生产规模，合作社发展信用合作社将是满足成员产业发展资金的有效途径。

二是规范的管理制度和规则是信用合作良性开展的必要条件。琴鹭鲜花专业合作社开展信用合作严格限定在合作社成员内部，信用合作不面向非合作社成员开展，入股、分红和贷款都在合作社成员之间进行。合作社适当限制信用合作资金的用途，小额贷款取现需其他社员担保；大额贷款资金由合作社代为支配，协助社员进行基础设施建设。从制度上保证社员不会将贷款资金挪作他用，确保信用合作为社员提供的帮助真正落到实处，真正做到扶持农民进行生产经营。合作社通过一系列相对规范的制度和规则限定了信用合作的范围和资金的用途，从根本上降低了信用合作的风险，提高了资金的使用效率，对社员的资金使用实现了监督，保障了信用合作的良性发展。

三是良好的产业发展基础是降低合作社信用合作业务风险的重要保障。琴鹭鲜花专业合作社依托白菊花产业,实现建设、生产、购销一体化发展,鲜切花产品远销韩国、日本和国内市场。良好的产业选择和发展前景有利于规避风险,保证相应的经济收益,在此基础上合作社带领社员通过6年时间实现了脱贫致富。在充分利用成员之间彼此熟悉的基础上,琴鹭合作社在发放借款时还采取物资与现金相结合的方式。对需要建设鲜花大棚成员,合作社不直接发放现金,而是聘请施工方帮助农户建设,避免农户改变借款用途。同时合作社利用成员交售鲜花,直接扣缴借款,也保障了成员能够及时还款。这说明,一方面合作社开展信用业务可以促进合作社主导产业的发展壮大,而另一方面,合作社主导产业发展壮大带动了成员增收致富,也有效降低了信用合作业务的风险,两者形成了良性循环。

四是合作社开展信用合作业务要根据成员的需求而发展,不能盲目追求扩大规模。合作社内部的信用合作根本目的是解决农民融资难的问题,在农民经济水平较低,存在贷款需求以发展生产的前提下,琴鹭鲜花专业合作社的内部资金互助组织应运而生,切实帮助合作社社员解决了生产、生活的困难,帮助社员走上了致富之路。合作社的信用合作在开展了5年之后,由于成员经济实力不断增强,融资需求逐渐减弱,截止到2013年10月,合作社社员已经不再有贷款需求。合作社在2014年将成员的入股资金存入银行,不再开展信用合作。琴鹭合作社负责人张勤生说,成员没有了借款需求,而把资金贷给合作社外部成员,则风险太大,因此他不得不把成员的入股资金存入银行。这说明,信用合作作为一项服务功能,要根据成员需求而开展。但当成员不再有融资需求时,合作社就无需再开展这项服务,而不应当盲目追求扩大信用合作业务,否则可能带来很大风险。

◼◼◼ 专家点评:

厦门琴鹭合作社的内部信用合作社是规范开展内部信用合作的典型案例。琴鹭合作社成立后之所以开展信用合作,就是为了解决入社成员生产资金问题。这实际上合作社内部信用合作的目的,也是其健康发展的前提。只有真正围绕解决成员生产资金需求开展资金互助服务,而不是作为牟利的手段,合作社信用合作社在运行过程才能不偏离轨道、不出偏差。在具体运行过程中,琴鹭合作社则严格执行了对内不对外、吸股不吸储、分红不付息、风险可掌控的原则，利用合作社坚实的产业基础健全的风险防范机制。尤其是运用产业链金融的模式，根据成员的生产经营开展借贷发放，利用合作社销售回收借款，明显降低了合作社信用合作的风险，值得借鉴。琴鹭合作社信用合作运行5年来，没有出现过一笔坏账，这也是说，只要根据成员需求规范开展信用合作，其风险是可以控制的。当然，我们也要看到，琴鹭合作社信用合作良好的运作，与其产业健康发展是密不可分。但要看到随着我国农业市场化、国际化程度不断提高，产业发展的市场风险也是难以避免的，而产业风险必然也会给合作社信用合作带来外部风险。因此未来还需要政府完善农业保险政策，进一步为信用合作构建有效的风险防范机制。

（张照新，农业部农村经济研究中心研究员）

延伸阅读

农民合作社内部信用合作案例分析

——以河北伟光蔬菜种植专业合作社为例①

琴鹭鲜花合作社的内部信用业务发展较为平稳，实现了正向效益，风险防控效果较好。但也有些合作社没有按照相关原则要求开展信用合作，出现问题，给社会和人民群众带来了恶劣影响。

河北伟光集团是一家以电煤经营为主，销售铁精粉、铁矿石、物流运输等为辅的综合型企业。2010年年底，伟光先后在邯郸市的十几个县和市区，开办了"伟光蔬菜种植专业合作社"。在对外宣传中，成立蔬菜种植专业合作社是为了补充伟光集团的发展业务。伟光集团除合作社外，还有伟光房地产开发公司、伟光担保公司、伟光建筑安装工程公司、伟光商贸公司、广平县鑫丰物资公司等10多家企业。老板高英伟以经营煤炭运输起家，旗下有一支运输车队。"将内蒙古的煤炭拉到邯郸销售，返回的车辆再将邯郸的蔬菜拉到内蒙古销售"。伟光的蔬菜种植专业合作社便由此而生。

---

① 撰写人：刘媛媛

2010年4月，高英伟在广平县注册登记了第一家伟光蔬菜合作社，未经批准就以入股名义吸收存款。随后，在其他13个县市陆续成立了13家伟光合作社，从事集资活动。在邯郸共有14家冠以"伟光"字样的合作社，涉及该市16个县（市、区），实际控制人均为高英伟。截至目前，14家伟光合作社共吸收资金2.2亿元，涉及1.5万人，未兑付存款本息1.05亿元。

从实际运行情况来看，这14家伟光合作社有名无实，不具备合作社的基本条件，属于典型的"空壳社"。一是没有组织机构。每个合作社注册成员均为5人，除高英伟外，其他都由当地农民挂名充数，实际上没有成员大会、理事会、监事会等内部组织机构。二是没有产业支撑。只有广平、成安、磁县的3个合作社流转了2 100多亩地，承包了1.5万亩荒山，其他合作社没有涉及产业发展。三是没有产品交易和盈余分配。合作社不对成员提供任何服务，也未发生产品交易，更无盈余分配。

相反，伟光合作社在吸纳资金方面却有一套严密的组织和运作方式。一是广为宣传。通过印制发放宣传单、悬挂宣传标语、出动宣传车、放电影、组织农民参观、举行开业庆典等方式，在乡村进行大肆宣传，鼓动农民群众、乡村教师、机关干部和城镇居民存款。二是高利诱惑。高额回报诱导群众参与，利率按存款期限分7个档次，活期、3个月、半年、1年、2年、3年、5年期年存款利率分别为1.44%、3.3%、3.96%、5.76%、6%、8.4%、12%，5年期存款利率是同期银行利率的近3倍。同时，采取高额介绍费招聘代办员，按照揽储额的6%（存期需在1年以上）发放中介费。三是分工明确。设立了8个分支机构、50多个代办点，还聘请乡村教师、村干部、退休人员、农村信用社原代办员等有威望的人作为代办员，仅邯郸县就有41个代办员，由他们发动亲友和群众到代办点存款。群众交付现金后，由代办点开具收据和股金证；区县合作社当日或次日到代办点提取资金，并通过银行转账至伟光集团高英伟等4人的个人银行账户。四是资金用途。吸纳的资金主要用于伟光集团所属的煤炭贸易、运输车队、天然气站等项目建设。

合作社成立后的刚开始一年多，运转还算正常，"入股"的农民基本按时拿到了返给的"红利"，情况到了2013年下半年开始出现变化。很多代办员发现，伟光不再按时支付"红利"了，接下来情况越来越糟糕，直接发不出钱了。2014年1月7日，老板高英伟给所有人发了一条短信：

"尊敬的代办及储户，贷款我在努力地跑，请你们耐心等待和放心，钱下来了谁的钱也不会欠，至此给你们说声抱歉！"之后就消失不见了。在广平县新华营村，伟光曾经流转的1 000亩蔬菜种植基地去年9月份已经被其他农户承包，不再属于伟光。实际上，伟光从征地到建好大棚，真正种植蔬菜不到1年，只收了1季，花在征地、建造大棚等的费用超过3 000多万元，基本血本无归，2013年下半年连每亩800元的征地费都发不出来，种植基地被政府收回，转租给了其他经营者。位于广平县平固店镇的另一处伟光蔬菜种植基地同样征地1 000亩，但是这里的大棚甚至还没有建完就因资金匮乏中途荒废。一夜之间，曾经红遍邯郸的伟光专业合作社瞬间枯萎。总部不见人，各个县分社陆续关门大吉，有些分社甚至连水电费都拖欠了好几个月，只有门牌上"伟光"的招牌还证明它曾经存在过。

2014年7月10日，河北省政府召开会议，专题研究处理非法集资问题，邯郸市公安局开展追逃追款工作，查封了伟光集团的资产，对伟光合作社负责人高英伟采取限制出境措施，并于7月15日将其抓获。邯郸县、磁县等地公安部门拘留了部分代办员，责令其退赔经手的储户资金。

两个开展信用合作的合作社命运为何差别巨大

从琴鹭和伟光的案例中能够比较清晰地看出依托农民合作组织开展资金互助业务必须要坚持以下几项基本原则：

一是对内不对外。作为资金互助的组织载体，合作社是一个封闭组织，其在内部开展信用合作所依赖的风险防控的重要信用基础就是成员之间的互知互信。成员之间因为有共同的业务联系和利益关系，很容易掌握借款人的借款用途、还款能力和用款状态，对其偿还能力和偿还意图较容易识别，能够一定程度上降低资金流转风险。如琴鹭合作社将成员进一步限定为使用互助资金的合作社成员，将"对内"的范围进一步缩小，有效地降低了风险，提高了资金的流转率；而伟光合作社突破合作社范畴，雇佣代办员向不固定人群高利吸储，所筹集资金用途储户均不知情，无法掌控自有资金的流转风险。

二是吸股不吸储，分红不分息。在合作社内部开展资金互助，其运营规则仍需要遵守合作社基本原则，即按照成员入股享受利润分红，而非固定回报。这样的设计能够有效的排除高利吸储者加入资金互助，并且进一步加强信用合作者之间的利益联结，增强内部监督，降低资金风险。如琴鹭合作社从 2008 年开展资金互助到 2014 年，7 年间互助资金的规模从近 9 万元扩大到不到 100 万元，入股成员从 18 人到 68 人，发展态势平稳，资金风险可控；而伟光从 2010 年成立到 2014 年不到 4 年间，资金迅速发展到 2.2 亿元，涉及人员 1.5 万人，重要的一个因素就是高额利息回报的诱惑，储户只关心自己的利息收益，对于资金使用风险放松了评估和关注。

三是依托产业化。内部信用合作是合作社内部开展的业务，其目的是为了解决合作社及其成员融资难、贷款难问题，促进合作社产业的不断发展，最终实现合作社壮大、成员增收。因此，依托合作社产业发展内部信用合作是保障互助资金使用安全的一个重要条件。目前，多数合作社为专业合作社，成员和合作社之间有共同的产业联系，对产业的熟悉度能够帮助合作社和成员有效地判断互助资金的使用安全度，从而降低互助金流转的风险。失去这一基础，互助金的投放和使用就失去了用途管控的真实性和可能性，继而带来风险的不可控性。如琴鹭将借款用途严格限定在用于鲜花产业上，不仅能够有效地瞄准资金的使用目的，而且较好地降低了还款风险；伟光合作社则对资金使用用途未做任何规定，结果用在了风险极大的伟光集团新项目拓展上，这就无疑是将集团的经营风险转嫁到储户身上，资金使用安全毫无保障。

同时，我们也能够总结出农民合作组织资金互助风险防控的三个重要的外部条件：**一是明确的监管主体**。对合作社的指导扶持服务职责是明确的，至于合作社开展信用合作应由哪个部门监管、是否需要审批以及相关的运行规范、管理制度等都不明确。同时受农村合作基金会的影响，有关部门对监管合作社信用合作业务有所顾忌，不愿意主动承担监管责任。目前来看，依托合作组织开展资金互助，既没有登记注册方面的规范，也没有运营指导方面的监督，完全依靠合作社自我监管，做得好的合作社（如琴鹭）和有意"借壳生蛋"的合作社（如伟光）并存，严重影响了合作社内部信用合作的长期有序发展。**二是严格的准入门槛**。合作社是否具备开展资金互助的资格目前来看尚无明确说法。合作社登记注册部门是工商部门，业务指导部门是农业部门，而资金互助属于金融业务，其主管部门应为银监会。但是目前三家对合作社资金互助业务均无审批权，使得依托合作社开展的资金互助业务缺乏有效的准入监管，造成了利用合作社"借壳生蛋"现象频发的状况。**三是有效的担保制度**。尽管琴鹭合作社 7 年间未出现任何资金使用风险，但从实践情况来看，用于农业产业发展的资金总是难以避免会遇到各种突发状况带来的经营风险，如自然灾害、市场波动等等对产业造成的冲击，同样会为互助资金的安全运转形成威胁。因此，将互助金做担保是一些合作社采用的规避此类风险的有效做法。但囿于资金规模和农业产业限制，承接该类担保的组织机构较少，这也为小规模资金互助业务的扩大和发展带来了不利影响。

专家点评：

伟光合作社属于典型的借用合作社名义开展非法集资，出现借贷风险是必然结果。伟光合作社成立之初，其就属于空壳社，其意图在于"借鸡生蛋"，吸收农民的存款，用于自身的生产经营。实际上，合作社内部信用合作的目的在于帮助内部成员进行资金调剂，解决成员在生产发展中的融资难问题。伟光合作社以信用合作的名义吸收农民的资金，然后把资金用于煤炭贸易和其他项目建设，必然给农民的资金带来巨大风险。从其运作过程看，伟光集团以高额利息诱惑农民存款，并通过高额的介绍费招聘代办员，在各地开设多个分支网点吸储，进行大肆宣传发动，属于典型的非法集资类型，完全符合最高人民法院关于非法集资的四个要件。正是这些少数害群之马，损害了合作社信用合作的声誉，也影响了合作社的发展。因此在今后推进合作社发展中，政府相关部门要强化监管，在促进合作社内部信用合作强化运行风险机制建设的同时，重点防止那些空壳社或者没有坚实产业基础的合作社搞信用合作，避免个别人或者企业假借合作社信用合作名义搞非法集资，为合作社内部信用合作健康发展创造良好的发展环境。

（张照新，农业部农村经济研究中心研究员）

合作再联合　强服务增实力带农增收

——记富阳山居农产品专业合作社联合社[①]

2013 年 12 月，富阳地区 32 家农民专业合作社发起组建了富阳山居农产品专业合作社联合社。单个专业合作社通过再联合再合作，组建联合社，整合优势资源，提升规模和实力，增强了参与市场经营的能力；发挥规范成员社的典型示范作用，以强带弱，以强补弱，不断提升联合社及其成员社的整体发展水平。联合社经营范围覆盖富阳特色产业，服务领域从产中逐步向产前、产后延伸，并且建立了统一的生产标准，有力促进了当地农业生产结构调整，帮助农民成员增产增收。

一、背景

富阳山居农产品专业合作社联合社是富阳市新登矮子鲜桃专业合作社理事长何建强提议组建的。何建强高中毕业后，不甘心像父辈一样种田。看到乡邻种桃收益高，亩产值能达到 3 000 元，便拜师学习，回家种桃。4 年后，收入过万成为"万元户"。由于何建强有文化、能力强、人缘好，29 岁被村民选举为村主任。成为村主任，他不仅想着怎么种好桃，更想着怎样带动村民致富。在他的带领下，不少村民也种上了桃子。2005 年，引进种植的新品种，品质好、价格高，市场供不应求，亩产值达到 6 000 元。为了更好地发动村民种桃，在时任浙江省农业厅赵兴泉副厅长的建议下，组建成立了富阳市新登矮子鲜桃专业合作社。

合作社实行"统一品种、统一质量、统一收购、统一包装、统一品牌、统一销售"的"六统一"经营方式，制订了《无公害绿色食品鲜桃标准化技术模式图》等，成立了 62 人组成的营销队伍，免费使用何建强注册的"矮子"商标。截至 2014 年年底，合作社发展成员 153 户，种植面积达 4 000 余亩，年销售额达 1 000 多万元。

随着"矮子"品牌知名度的不断提升，合作社种植的鲜桃价格由原来的每

---

① 撰写人：孙超超　李世武

千克 2～4 元提高到按箱计价（每箱 5 千克，价格不低于 30～50 元），油桃则论"个"卖（每个 10 元），价格的上涨反而带来了合作社"产品不够销"的问题，"甜蜜的烦恼"引发了何建强更多的思考。

想法一：把不同的合作社组织起来，制定统一的行业标准保证产品质量。市场需求量大，一方面合作社没有更多的产品满足市场，另一方面有产品但质量可能不达标。"品牌是富阳市新登矮子鲜桃专业合作社的，法人是我，万一出了食品安全事故，我是要负责任的。"何建强说，"所以要把合作社组织起来，按照统一的标准去生产、去经营，这是发展方向。"

想法二：只有把专业合作社做好了，才能组建联合社。"合作社没做规范之前，不要去做联合社。合作社如果连产品都卖不出去、品牌都打不好，农户得不到实惠，从何而谈合作社做得好？这样的合作社搞好联合社又从何说起？"何建强如是说，"富阳市新登矮子鲜桃专业合作社各个方面发展都比较规范，我才有底气组建联合社。"

想法三：联合社要做合作社做不了的事情。"联合社才是合作社的基础，联合社要做一个合作社做不了的事情。"何建强讲道。"没有联合社，搞不好资金互助。比如矮子鲜桃专业合作社只有 153 户成员，而且不可能每一个农户都会拿现金入股。如果成立联合社，成员数量就会大大增加，资金供给量、需求量都会大大提高，资金互助才有持续发展的空间。

深思熟虑之后，何建强向区农业局说明了自己的想法，得到了相关领导的一致支持，经过讨论，最终决定依靠富阳区规范发展的合作社组建联合社。

2013 年 12 月，杭州富阳山居农产品专业合作社联合社经工商注册登记成立。联合社成员单位 32 家，其中国家级示范社 2 家、省级示范社 5 家、市级规范化合作社 10 家、县级三星级信用社 15 家。注册资金 1 000 万元，其中矮子鲜桃合作社出资最多，达 150 万，4 家合作社出资额达 120 万，其余合作社出资 10 万～80 万。联合社成立了 11 名理事长组成的理事会、3 名理事长组成的监事会，设置了财务部、项目部、电子商务部（下辖销售部）、技术研发部和资金互助部。联合社紧紧围绕富阳地区特色，经营范围包括粮油、水果、水产、蚕桑、禽蛋、蔬菜六大类特色农产品，其中水果产业合作社 11 家、粮油产业合作社 7 家、蔬菜产业合作社 10 家、蚕桑产业合作社 2 家、水产产业专业合作社 1 家、禽蛋产业专业合作社 1 家。

二、做法

联合社本着更好地为成员社服务的宗旨，在财务管理、信用合作、品牌创建、生产标准等方面创新做法，促进了成员社规范发展和实力提升。

（一）代理记账

财务部有专职会计 6 人，其中中级会计 1 名、初级会计 3 名，配备了电脑、打印机、点钞机、财务管理软件等。

按照《农民专业合作社法》《农民专业合作社财务会计制度（试行）》等规范要求，联合社为 32 家成员社免费提供代理记账服务。联合社的做法得到了区农经总站的认可，由于合作社财务管理的特殊性及重要性，为了鼓励合作社财务管理规范化，富阳区财政局、区农经总站委托联合社为合作社开展建账服务，收费标准以服务为原则，100 元/月。"在会计事务所记账费用是 500 元/月，还不一定符合合作社对账本的要求。很多合作社都愿意找我们联合社代理记账。"目前，联合社不仅为 140 家合作社代理记账，还为 72 个家庭农场和 43 个农业公司代理记账。

财务规范是合作社成功申请国家财政项目的前提之一。联合社代记账，保证了成员社的财务规范。在规范财务的基础上，联合社项目部聘请已退休的专家领导作为项目部顾问，为合作社、农业公司、家庭农场、种养大户等提供项目信息咨询、项目申报等服务。2014 年，指导帮助成员社申报了 186 个项目，获批项目 184 个，成功率达 98.9%，申请财政资金 1 764 万元。得益于联合社对成员社财务管理的规范管理，项目验收单位到富阳地区审计合作社项目时，感慨地说："在别的地方，我们是 10 天审计 1 个合作社，在你们这，我们 1 天就可以审计 10 个合作社。"

（二）资金互助

联合社办信用合作，成员社入股资金 500 万元，其中 86 万元用于租用办公场地、购买电脑等办公设备，剩余 400 多万元，如何利用好这笔资金成为何建强思考的一个问题。在他的牵头下，联合社召开了成员大会，商讨这笔资金的使用，会议上合作社代表们提出来可以相互之间周转，何建强立即提出："周转就是资金互助的雏形了，干脆成立一个资金互助会。"倡议立即得到了代表的支持。

在区农经总站的指导下，联合社筹备成立了资金互助部，恰逢浙江省成为全国财政支持农民合作社创新试点省份之一，联合社成为试点单位，制定了《杭州市富阳区富阳山居资金互助会章程》，并按照《杭州市农民专业合作社资金互助会试点工作办法》，互助会在民政部门登记取得了民办非企业资格，聘请了原浙江农商银行放贷科主任为联合社资金互助部主任。

按照"吸股不吸储、分红不分息、限于成员内部、用于产业发展"的原则，联合社从各个环节严格防范风险发生。

一是"管"账本。通过管理合作社财务账簿，可以准确把握合作社是否有在其他银行贷款、负债情况。

二是"管"项目。合作社得到国家财政补助资金项目，联合社监督其项目放款，同时，由于财政补助资金应平均量化到每位成员，在"成员账簿"上也会有所体现。

三是"管"供销。合作社从联合社贷款，如果用于购买生产资料，联合社直接将款项打给供货单位。此外，为了保证成员社及时还款，联合社还帮助成员社销售产品。"账本管不了、项目管不住、产品盯不牢，贷出去的钱就可能收不回来。"何建强说。

四是不"管"钱。联合社与浙江农商银行合作，由银行"管"钱，通过第三方机构管理联合社互助资金。①将成员入股资金中的 400 万元作为保证金存入银行，作为试点单位，2015 年联合社获得授信 1 000 万元，贷款利息为 4.4%；②联合社通过区农经总站向中央申报农业贷款贴息资金，由农商银行负责实施，单个合作社贷款额度达不到 200 万元，难以获得中央农业贷款贴息资金，联合社将相同业务范围的合作社"打包"，共同申请贷款，提高贷款额度获取贷款贴息；③联合社做担保，收取担保费用 1% 作为风险基金，成员社通过联合社向银行申请贷款，贷款利息 6.5%。照此，三方皆可获益：

从联合社看，由银行负责放款增强了联合社资金管理的规范性和安全性，降低了联合社财务管理费用和成本。

从成员社看，从贷不到款到获得低息贷款，通过同产业间抱团贷款，既缓解了资金压力，也降低了融资成本。

从银行看，通过联合社做担保降低了银行催还贷款的成本和压力，不仅降低了风险，还扩大了业务范围。

以富阳市宝鑫蚕桑专业合作社为例，合作社成立于 2007 年 5 月，已形成"烘干蚕茧—拉丝—加工丝绵被"的一体化生产经营模式，生产的蚕丝被是纯手工缝制而成，注册商标"宝宝"被认定为杭州市著名商标，并在富阳区、杭州市开设销售店面，年销售利润达上百万，生产蚕丝被供不应求。然而，由于蚕茧生产的季节性特点，每到成员交售蚕茧之时，合作社就面临短期资金不足问题。2015 年，合作社向联合社申请 200 万元贷款，由联合社资金互助部选派相关负责人到合作社，根据每天交售蚕茧数量，直接将货款发放到成员手中，即"用多少贷多少"，等资金回笼后再还贷款，缓解了短期的资金压力。

"联合社始终坚持一个宗旨，真正带动农户致富的，即使欠 100 万元、200

万元，也会继续给合作社贷款。"何建强说。2014 年 11 月份，为小麦的播种时节，联合社为富阳市国民粮油专业合作社提供 20 万元贷款，并帮助其购买生产所需的种子、肥料等生产资料。到 2015 年 5 月，小麦成熟，联合社又帮助其组织劳动力进行收割、收购、运输、加工，再通过联社销售部和电子商务部进行统一包装、统一冠以"富春山居"品牌，开展线下及线上销售。到当年 6 月初，国民粮油专业合作社不仅归还联社本金加利息 21.44 万元，还通过小麦加工销售实现产值 32 万余元，净利润 8 万余元。6 月又正值水果上市时节，这些资金又能马上发提供给水果专业合作社进行产品收购、销售，资金的利用率显著提升。

（三）创建品牌

提到品牌，何建强给笔者讲了一个真实的故事。2008 年，新登矮子鲜桃专业合作社为了打开市场销路，销售人员在纸箱内打上"浙江省名牌"标签带到上海去销售，想借助"上有天堂、下有苏杭"的名号引得消费者注意。然而，销售人员遇到一位客户，第一天购买了两盒桃子，第二天到销售点直接订购了 140 盒桃子，并要求送到客户公司，由于购买数量较多也较为信任该客户，双方约定过几天等客户公司负责人回来后再付货款。结果，合作社销售人员到公司拿钱时，客户却说："桃子我们已经分给员工了，你要能拿出'杭州市名牌产品'的牌子，我们就付钱。"当时"矮子"桃品牌连杭州市名牌都不是，更别说浙江省名牌了，自知理亏的合作社销售人员只能"打碎了牙齿往肚里咽"，白送了客户 140 盒桃子。

这件事情给合作社，也给何建强一个极大的教训，当即合作社召开了理事会议，商定从申请"富阳名牌"做起。因此，联合社一成立，就从注册商标打品牌入手，元朝画家黄公望的"富春山居图"是以浙江富春江为背景，富春江横贯富阳区全境，联合社就以"富春山居"为名注册商标，联合社所有产品统一使用"富春山居"品牌。

在产品包装设计上，联合社坚持一个基本原则：成本不能太高、还要有特色，因为对农副产品而言，卖不到很高的价格，要按照产品价格考虑包装费用，同时还要考虑广告费用。"你这个包装别人一看就喜欢，但这个成本不能太高，比如一箱桃子卖 100 块钱，包装费用不能超过 10%。10% 的成本中，6 块钱是包装费，4 块钱要考虑到广告费用，仅仅考虑包装不想广告效应，不能算是合格的设计师。"何建强说。

联合社还另辟蹊径改良产品包装——改纸箱为竹篮，将桃子等农产品放在竹篮子中，吃完桃子还可以再次利用竹篮子去买菜，方便消费者的同时为联合社品牌做了"无形"的免费广告。同时，在联合社创意人员的努力下，篮子的成本从 20 元/只降到了 6 元/只，美观的同时降低了成本。目前，联合社已有 24 个包装设计获得了专利。

在宣传推广方面，一是通过电视、报纸报道。联合社坚持"产品卖到哪里，哪里就有宣传报道"，如产品销到上海，联合社就派人联系当地电视台。由于联合社的产品受到社会各界的认可和支持，一般情况下电视、报纸都会免费为联合社做宣传，加上社会各界对农业领域的重视，还有热心消费者会写联合社产品的相关文章给报刊投稿，都极大提高了联合社品牌的知名度。二是瞄准幼儿杂志。看准许多小朋友仍然在看杂志，联合社在少儿杂志中以桃子图片等形式刊登，吸引孩子注意的同时抓住了大人的眼球。有一次，新登镇一家幼儿园老师要做一个动物、水果的图册，联合社积极把桃子图片、"矮子桃子"四个字放在图册中，参与图册制作。如此一来，在上课的过程中，老师问："这是什么？""桃子""下面的字认识吗？""不认识。""这是我们新登的品牌，叫'矮子桃子'。"这样一个简单的方式，极大提高了品牌知名度。"第二天，就有很多小朋友要妈妈来买矮子桃子，其实就是五六块钱的事。"何建强说。三是举办活动。以桃子为例，在当地政府的帮助下，合作社组织举办桃花节，邀请过阿牛演唱《桃花朵朵开》，蒋大为演唱《在那桃花盛开的地方》等，巨大的广告效应扩大了合作社桃子的知名度。

"质量跟不上，打品牌也没用。"何建强颇有感悟地说。"在中国，做得最好、花钱又少的品牌是什么？宗教！就是靠口口相传传出去的。"他认为，靠"嘴巴"一传十、十传百获得的口碑，是最省钱也最有效的，即使销售人员把产品的"好"说得天花乱坠，消费者尝了之后不好吃也起不到任何效果。因此，联合社始终把产品质量放在首位。

（四）统一标准

联合社六大类产业中，每个产业分别有一家合作社根据国家相关行业标准制定联合社内部的行业生产标准，其他合作社按照该标准进行生产。

此外，联合社还参与制定了美国青蛙养殖技术规范（DB 330183/T 034—2014，富阳市农业标准规范地方标准），稻—蛙共生技术规范（DB 330/T 1045—2014，杭州市地方标准规范）。

结合富阳产业特点，联合社技术研发部与中国林业科学院、中国水稻研究所、福建省农科院、上海市农科院、浙江农林大学、农科院、杭州市农科院、宁波市农业科学研究院等科研院校机构建立技术依托和合作关系。建立各类产业示范园充分发挥区域优势资源，发挥规模化示范带动效应。与浙江农林大学、山核桃研究所、浙江财经大学管理科学与工程研究所专家等签订技术服务协议，每年定期开展指导授课。开设大学生实训基地，每年组织大学生参与农业生产等实际工作。研索鲜桃高密度高效栽培技术、稻田养蛙种养结合模式、鲜桃 V 形、直立型高产栽培技术等数十项新技术、新模式，并将试验成功的经验积极向成员单位进行推广。矮子鲜桃灵山水果示范基地被评为省级优秀农业现代产业园区，宝鑫蚕桑长兰蚕桑示范基地、长盘竹笋示范基地先后被评为省级生态示范基地。

　　未来，联合社计划打造一条从生产到流通到消费的农产品产业链条，将加工、流通领域增加值留在联合社内部（图 1）。

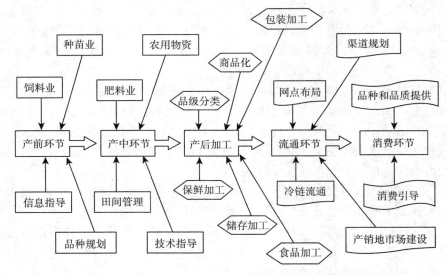

图 1　富阳山居农产品专业合作社联合社农产品产业链

三、成效

（一）抱团解决扶持难题

　　通过联合与合作，单个合作社依托联合社的平台，一方面促进了自身的发展壮大，另一方面可以更加容易的获得财政扶持。联合社成立后，在规范财务社务管理的前提下，依靠项目部的专业力量，获得了大量的财政扶持项目。此外，联合社还获得了财政部资金互助创新试点，项目资金 1 000 多万元。联合社将项目资金存入银行，银行除向联合社支付利息外，银行还为联合社授信1 个亿，这从根本上解决了合作社缺资金的难题。

（二）平台解决人才难题

联合社为大学生搭建平台，充分展示大学生的才干，为合作社引进并留住高素质人才做出了有益探索。联合社当时引进人才带有一定的盲目性，当看到来社报到的 11 名大学生，第 2 天就走了 5 个的现实后，联合社就不得不考虑这些大学生能做什么、能得到什么、是否会留下来等。为此，联合社根据这些大学生的专业，成立了财务部。有了部门就得找活，也就有了联合社代理记账，目前这些大学生不仅能创造效益，得到较高收入外，有些还脱颖而出，成为联合社的高层管理人员，月收入过万元。何建强说："招来大学生，不是充门面，得有位置，有活干。做好了，其实是他们在为合作社创效益，是我们的'财神'，而不是很多理事长讲的负担。"

（三）财务解决规范难题

联合社抓住财务管理这个牛鼻子，由财务领域逐步向各方面社务延伸，大大提高了合作社规范化管理水平。通过规范财政项目财务管理，确保了项目资金落在实处。合作社依托联合社获得的项目资金，由财政部门＋银行机构＋联合社统一管理，即联合社与财政部门商议，将联合社获得的财政项目资金存放在银行机构。合作社按照需要申请的项目资金，必须在项目建成后，由银行转账到项目建设的工程方，从而杜绝了套取项目资金的行为。每年，联合社都要拿出可分配盈余的 61%，按成员社与联合社交易额进行返还，并将成员社获得的盈余按比例，通过市民①卡直接返还给成员社的农户，防止成员社从中克扣。

（四）联合解决销售难题

联合社将单个合作社的产品的生产、销售、加工进行再整合，形成了多元、稳定、可靠的销售渠道，保证了联合社产品的销售顺畅。联合社的建立，形成了粮油、水果、水产、蚕桑、禽蛋、蔬菜的生产格局，极大丰富了产品种类，稳定了产品供应，便于联合社与大客户进行持续有效的对接，也有效解决了单个合作社产品销售难题。

---

① 杭州市市民卡是由杭州市人民政府授权发放给市民用于办理个人社会事务和享受公共服务的集成电路卡（IC卡）。是杭州市委、市政府确定的为民办实事的重要项目，同时是数字杭州重点工程之一，是现代服务业的综合体现。该项目通过向杭州市民发放市民卡，建立杭州市个人信息交换系统，建立市民卡的服务和应用体系，以达到便于市民办理个人事务和商业应用、也便于政府管理的目的。

2014 年，联合社成为杭州市国际商会会员单位，借此平台将联合社绿色农产品向商会会员单位开展直供销售，建立农企对接的产销直供网络。联合社还紧跟"互联网＋"的时代潮流，开设阿里巴巴店铺 1 家，淘宝店铺 7 家，开设丰收购、微店经营，在网上销售富阳地区名优土特产，利用当地传统半山桃花节、永昌竹笋采摘月等活动开展 O2O 营销模式，同时联合社还在杭州新等地开展农社对接、农超对接，保证产品销路。

四、启示

（一）发挥联合社作用是以强带弱的好办法

合作社发展不规范是比较现实的课题，如何规范这些合作社。依靠政府部门，没有专门的指导服务机构，配备力量太薄弱，难以规范全国数量众多的合作社。依靠合作社自身，通过组建联合社，将单个规范合作社的好做法好经验，在联合社范围内推而广之，逐步影响、逐步渗透，是当前规范合作社的有益探索。富阳山居农产品专业合作社联合社，其实就是何建强在合作社共同需求的基础上，组建联合体，不断推广富阳市新登矮子鲜桃专业合作社的成功做法，更好地服务合作社的发展壮大。

（二）创新是联合社发展壮大的动力

由于农民合作社在我国的发展还处于初期阶段，各方面的政策法规还没有跟上。现行的法规政策对合作社的约束都较为粗线条，涉及经营管理接近于空白。随着合作领域的拓展、合作内容的丰富、合作层次的提升、合作关系的紧密，如何处理好合作社与政府、市场的关系，没有现成的答案，只有不断创新摸索。联合社通过财政部门＋银行机构＋联合社的联合管理，创新了形式，在一定程度上就解决了财政项目"跑冒滴漏"的问题。通过代理记账，就保证了项目的落地和农民成员的收益等，都充分说明了规范发展归根结底还是合作社自己的事。

（三）保障成员利益是联合社持续发展的基础

从根本上讲，何建强成立联合社是为了保证农民的收益，比如规范财政项目管理，就是为了让成员都能获得财政项目带来的好处，防治被少数人侵占；又比如联合社的盈余会通过市民卡直接分配给成员社的农户成员，也是为了防治成员社从中侵占；再比如不断开拓销售渠道，就是为了保证所有成员的产品都能够以较好的价格销售出去，等等，这些不仅紧密了农户与合作社、联合社的利益联结关系，也保障了联合社能够不断发展壮大，从而更好地为成员服务，增加他们的收入，实现各利益方共存共荣的良性循环。

附件13：

浙江省杭州市富阳山居农产品专业合作社联合社章程

［2015年4月19日召开大会，由全体成员一致通过］

第一章　总　　则

第一条　为保护成员的合法权益，增加成员收入，促进本联合社发展根据《中华人民共和国农民专业合作社法》《中华人民共和国农民专业合作社登记管理条例》和有关法律、法规、政策，结合本社实际，制定本章程。

第二条　本联合社是由农民专业合作社等自愿联合，依据加入自愿、退出自由、民主管理、盈余返还的原则，按照联合社本章程进行生产、经营、服务活动的互助性经济组织，经杭州市富阳区市场监督管理局登记注册，取得农民专业合作社联合社法人营业执照。

本联合社名称：富阳山居农产品专业合作社联合社。

本联合社住所：富阳市新登镇塔山村。

第三条　本联合社业务范围：组织收购、销售成员及同类生产经营者的产品；引进新技术、新品种，开展与农产品生产经营的有关技术培训，技术交流和信息咨询服务（以工商行政管理机关核定为准）。

第二章　成员及出资

第四条　本社成员出资总额1 000万元人民币。

成员出资额之和为成员出资总额。成员可以用货币出资，也可以用土地、实物、知识产权等能够用货币估价并可以依法转让的非货币财产作价出资。成员以非货币财产出资的，由全体成员评估作价。成员不得以劳务、信用、自然人姓名、商誉、特许经营权或者设定担保的财产等作价出资。

成员部分或全部出资额可以自由转让。

成员的名称、出资额、出资方式、所占比例、出资时间如下：

一、富阳市宝鑫蚕桑专业合作社出资额为人民币60万元，所占比例6%，其中以货币方式出资60万元，以实物出资0万元，出资时间：2015年4月

20 日。

二、富阳市军福粮油专业合作社出资额为人民币 120 万元，所占比例 12%，其中以货币方式出资 120 万元，以实物出资 0 万元，出资时间：2015 年 4 月 20 日。

三、富阳市长盘竹笋专业合作社出资额为人民币 60 万元，所占比例 6%，其中以货币方式出资 60 万元，以实物出资 0 万元，出资时间：2015 年 4 月 20 日。

四、富阳市茂华竹笋专业合作社出资额为人民币 60 万元，所占比例 6%，其中以货币方式出资 60 万元，以实物出资 0 万元，出资时间：2015 年 4 月 20 日。

五、富阳市国民粮油专业合作社出资额为人民币 60 万元，所占比例 6%，其中以货币方式出资 60 万元，以实物出资 0 万元，出资时间：2015 年 4 月 20 日。

六、富阳市新登矮子鲜桃专业合作社出资额为人民币 50 万元，所占比例 5%，其中以货币方式出资 50 万元，以实物出资 0 万元，出资时间：2015 年 4 月 20 日。

七、富阳市爱民水产养殖专业合作社出资额为人民币 110 万元，所占比例 11%，其中以货币方式出资 110 万元，以实物出资 0 万元，出资时间：2015 年 4 月 20 日。

八、富阳钟信粮油专业合作社出资额为人民币 60 万元，所占比例 6%，其中以货币方式出资 60 万元，以实物出资 0 万元，出资时间：2015 年 4 月 20 日。

九、富阳市大荣竹笋专业合作社出资额为人民币 120 万元，所占比例 12%，其中以货币方式出资 120 万元，以实物出资 0 万元，出资时间：2015 年 4 月 20 日。

十、富阳市耕特竹笋专业合作社出资额为人民币 120 万元，所占比例 12%，其中以货币方式出资 120 万元，以实物出资 0 万元，出资时间：2015 年 4 月 20 日。

十一、富阳友强果蔬专业合作社出资额为人民币 180 万元，所占比例 18%，其中以货币方式出资 180 万元，以实物出资 0 万元，出资时间：2015 年 4 月 20 日。

本联合社为每个成员设立独立账户，主要记载该成员的出资额、量化为该成员的公积金份额以及该成员与本联合社的业务交易（额）。

本联合社成员以其独立账户内记载的出资额和公积金份额为限对本联合社

承担责任。

第五条　本联合社由富阳市宝鑫蚕桑专业合作社，富阳市军福粮油专业合作社，富阳市长盘竹笋专业合作社，富阳市茂华竹笋专业合作社，富阳市国民粮油专业合作社，富阳市新登矮子鲜桃专业合作社，富阳市爱民水产养殖专业合作社，富阳钟信粮油专业合作社，富阳市大荣竹笋专业合作社，富阳市耕特竹笋专业合作社，富阳友强果蔬专业合作社 11 家农民专业合作社发起成立。经相关部门登记且成立 1 年以上的农民专业合作社、企事业单位或社会团体，可以成为本联合社的成员。

第六条　本联合社成员的权利：

（一）参加成员大会，并享有表决权、选举权和被选举权；

（二）利用本联合社提供的服务和生产经营设施；

（三）按照本章程规定或者成员大会决议分享本联合社盈余；

（四）查阅本联合社章程、成员名册、成员大会记录、理事会会议决议、监事会会议决议、财务会计报告和会计账簿；

（五）对本联合社的工作提出质询、批评和建议；

（六）提议召开临时成员大会；

（七）自由提出退社声明，依照本章程规定退出本联合社；

（八）成员共同议决的其他权利。

第七条　本联合社成员的义务：

（一）遵守本联合社章程和各项规章制度，执行成员大会、理事会的决议；

（二）积极参加本联合社各项业务活动，按照本联合社统一安排开展生产经营；

（三）维护本联合社利益，爱护生产经营设施，保护本联合社成员共有财产；

（四）按照章程规定向本联合社出资，承担本联合社的亏损；

（五）成员大会共同议决的其他义务。

第八条　成员有下列情形之一的，终止其成员资格：

（一）主动要求退社的；

（二）被吊销营业执照的；

（三）组织破产、解散的；

（四）被本联合社除名的。

第九条　成员要求退社的，须在会计年度结束的三个月前向理事会提出书面声明，年度结束后办理退社手续。

成员资格终止的，在该会计年度决算后三个月内，退还记载在该成员账户内的出资额和公积金份额。如本联合社经营盈余，按照本章程规定返还其相应的盈余所得；如经营亏损，扣除其应分摊的亏损金额。

联合社接受国家财政直接补助形成的财产不得分配。

第十条 成员有下列情形之一的，经理事会讨论通过予以除名：

（一）不履行成员义务，经教育无效的；

（二）给本联合社名誉或者利益带来严重损害的；

（三）共同议决的其他情形。

本联合社对被除名成员，退还记载在该成员账户内的出资额和公积金份额，结清其应承担的债务，返还其相应的盈余所得。因前款第二项被除名的，须对本联合社作出相应赔偿。

第三章 组织机构

第十一条 本联合社设立成员大会。成员大会是本联合社的最高权力机构，由全体成员组成。

第十二条 成员大会的职权：

（一）审议、修改章程和各项规章制度；

（二）选举和罢免理事会、监事会成员；

（三）决定单个成员出资最高金额和最低金额；

（四）决定重大财产处置、对外投资、对外担保和生产经营活动中的其他重大事项；

（五）审议和批准年度工作报告、盈余分配方案、亏损处理方案；

（六）对合并、分立、解散、清算作出决议；

（七）决定聘用经营管理人员和专业技术人员的数量、资格和任期；

（八）听取理事长或者理事会关于成员变动情况的报告；

（九）需要成员大会审议决定的其他重大事项。

第十三条 本联合社每年召开 3 次成员大会。由理事会负责召集，并提前十五日向全体成员通报会议内容。

第十四条 遇有下列情形之一，二十日内召开临时成员大会：

（一）百分之三十以上成员提议；

（二）监事会提议；

（三）理事会认为有必要的。

第十五条 成员大会应当有三分之二以上成员委派代表出席方可召开，成员委派代表应向本联合社提交委派书。

第十六条 成员大会选举或者做出一般决议，须经本联合社成员表决权总数过半数通过；对修改本联合社章程，改变成员出资标准，增加或者减少成员出资，合并、分立、解散、清算和对外联合等重大事项做出决议的，须经成员表决权总数三分之二以上的票数通过。

本社成员大会选举和表决，实行一人一票制，成员和享有一票基本表决权。

出资额占本社成员出资总额百分之十以上或者与本社业务交易量（额）占本社总交易量（额）百分之十以上的成员，享有附加表决权。附加表决权总票数，依法不得超过本社成员基本表决权总票数的百分之二十。

第十七条　本联合社设立理事会。理事会是本联合社的执行机构，负责日常工作，对成员大会负责。理事会由 11 人组成，理事由成员大会选举产生，任期 5 年，可连选连任。

理事会选举产生理事长 1 人，副理事长 2 人。

理事长为本联合社的法定代表人。

第十八条　理事会的职权：

（一）组织召开成员大会并报告工作，执行成员大会决议；

（二）制订本联合社发展规划、年度业务经营计划、内部管理规章制度等，提交成员大会审议；

（三）制定年度财务预决算、盈余分配和亏损弥补等方案，提交成员大会审议；

（四）组织开展成员培训和各种协作活动；

（五）管理本联合社的资产和财务，保障本联合社的财产安全；

（六）接受、答复、处理执行监事或者监事会提出的有关质询和建议；

（七）决定聘任或者解聘本联合社经理、财务会计人员和其他专业技术人员；

（八）履行章程和成员大会授予的其他职权。

第十九条　由理事长主持召开理事会议。理事会会议表决，实行一人一票。理事会议每年至少召开 2 次。每次会议须有三分之二以上理事出席方能召开，参加理事会议的三分之二以上理事同意方可形成决定。应邀请监事长列席，列席者无表决权。理事个人对某项决议有不同意见时，须将其意见记入会议记录并签名。

第二十条　理事长的职权：

（一）主持本联合社的日常工作，负责召开理事会议；

（二）根据成员大会和理事会的决定，组织实施年度生产经营计划和生产、经营、服务活动，督促检查成员按配额要求提供产品；

（三）组织拟定本联合社内部业务机构和各项制度；

（四）代表本联合社对外签订合同、协议和契约；

（五）提请聘请或者解聘本联合社财务人员和其他管理人员；

（六）组织落实本联合社的各项任务；

（七）履行本联合社章程和理事会授予的其他职责。

第二十一条　监事会是本联合社的监察机构，代表全体成员监督和检查理事会的工作，对成员大会负责。监事会由监事3人组成，监事由成员大会选举产生，任期5年，可连选连任。监事会选举产生监事长1人，副监事长2人。

第二十二条　监事会的职权：

（一）监督理事会对成员大会决议和本联合社章程的执行情况；

（二）监督检查本社的生产经营业务情况，负责本社财务审核监察工作；

（三）监督理事长或者理事会成员和经理履行职责情况；

（四）向成员大会提出年度监察报告；

（五）向理事长或者理事会提出工作质询和改进工作的建议；

（六）提议临时召开成员大会；

（七）代表本社负责记录理事与本社发生业务交易时的业务交易量（额）情况；

（八）履行成员大会授予的其他职责。

第二十三条　监事会会议表决实行一人一票。监事会议由监事长主持，会议决议应以书面形式通知理事会。理事会应在接到通知10日内作出响应，否则为理事会失职。

第二十四条　监事会应须有三分之二以上的监事出席方能召开。出席会议的三分之二以上监事通过，方能作出决议。监事个人对某项决议有不同意见时，须将其意见记入会议记录并签名。

第二十五条　本联合社理事长、理事、经理和财会人员不得兼任本联合社监事。

第二十六条　本联合社理事长、理事、经理不得兼任业务性质相同的其他合作社的理事长、理事、监事、经理。

第二十七条　执行与农民专业合作社业务有关的公职人员，不得担任本联合社的理事长、理事、监事、经理或财会人员。

第四章　财务管理

第二十八条　本联合社实行独立的财务管理和会计核算，严格按照国务院财政部门制定的农民专业合作社财务制度和会计制度核定生产经营和管理服务过程中的成本与费用。

第二十九条　成员与本联合社的所有业务交易，实名记载于该成员的独立账户中，作为按交易量（额）进行可分配盈余返还分配的依据。利用本联合社提供服务的非成员与本联合社的所有业务交易，实行单独记账，分别核算。

第三十条　会计年度终了时，由理事会按照本章程规定，组织编制本联合社年度业务报告、盈余分配方案、亏损处理方案以及财务会计报告，经成员大会审核后施行。

第三十一条　本联合社资金来源包括以下几项：

（一）成员出资；

（二）每个会计年度从盈余中提取的公积金；

（三）未分配收益；

（四）国家扶持补助资金；

（五）他人捐赠款；

（六）其他资金。

第三十二条　为实现本联合社及全体成员的发展目标需要调整成员出资及方式时，经理事会讨论通过，成员大会形成决议后，每个成员须执行。

第三十三条　本联合社从当年盈余中提取百分之十的公积金，用于扩大生产经营、弥补亏损或者转为成员出资。

第三十四条　本联合社接受的国家财政直接补助和他人捐赠，均按本章程规定的方法确定的金额入账，作为本联合社的资金（产），按照规定用途和捐赠者意愿用于本联合社的发展。在解散、破产清算时，由国家财政直接补助形成的财产，不得作为可分配剩余资产分配给成员，处置办法按照国家有关规定执行；接受他人的捐赠，与捐赠者另有约定的，按约定办法处置。

第三十五条　当年扣除生产经营和管理服务成本、弥补亏损、提取公积金后的可分配盈余，经成员大会决定通过，按照下列顺序分配：

（一）按成员与本联合社的业务交易量（额）比例返还，返还总额不低于可分配盈余的百分之六十；

（二）按前项规定返还后的剩余部分，以成员账户中记载的出资额和公积金份额，以及本联合社接受国家财政直接补助和他人捐赠形成的财产平均量化到成员的份额，按比例分配给本社成员，并记载在成员账户中。

第三十六条　本联合社如有亏损，经成员大会讨论通过，用公积金弥补，不足部分也可以用以后年度盈余弥补。

本联合社的债务用本联合社公积金或者盈余清偿，不足部分依照成员个人账户中记载的财产份额，按比例分担，担不超过成员账户中记载的出资额和公积金份额。

第五章 解散和清算

第三十七条 本联合社有下列情形之一，经成员大会决议通过，报登记机关核准后解散：

（一）本联合社成员少于5个（成员中有市级以上规范化合作社的，成员少于3个）；

（二）成员大会决议解散；

（三）因不可抗力因素致使本联合社无法继续经营；

（四）依法被吊销营业执照。

第三十八条 本联合社因前第一项、第二项、第四项情形解散的，在解散情形发生之日起十五日内，由成员大会推举成员组成清算组，开始解散清算。逾期不能组成清算组的，成员、债权人可以向人民法院申请指定成员组成清算组进行清算。

清算组负责处理与清算有关未了结业务，清理本联合社的财产和债权、债务，指定清偿方案，分配清偿债务后的剩余财产，代表本联合社参与诉讼、仲裁或者其他法律程序，并在清算结束后，于7日内向成员公布清算情况，向原登记机关办理注销登记。

清算组自成立起十日内通知成员和债权人，并于六十日内在报纸上公告。

第三十九条 本联合社财产优先支付清算费用和共益债务后，按下列顺序清偿：

（一）与成员已发生交易所欠款项；

（二）所欠员工的工资及社会保险费用；

（三）所欠税款；

（四）所欠其他债务；

（五）归还成员出资、公积金；

（六）按清算方案分配剩余财产。

清算方案须经全体成员通过或者申请人民法院确认后实施。本联合社财产不足以清偿债务时，依法向人民法院申请破产。

第六章 附   则

第四十条 本联合社需要向成员公告的事项，采取理事会方式发布，需要向社会公告的事项，采取公告方式发布。

第四十一条 本章程由设立大会一致通过，全体成员盖章后生效。

修改本章程，须经半数以上成员或者理事会提出，理事会负责修订，成员大会讨论通过后实施，并报送登记机关和农业行政主管部门。

第四十二条　本章程由本联合社理事会负责解释。

全体成员盖章：

2015 年 4 月 19 日

专家点评：

目前，经营规模小、经济实力差、市场竞争力弱是我国农民专业合作社存在的普遍问题，小规模分散经营农户存在的问题在农民专业合作社身上重现。如何摆脱这些困扰，按照自愿互利原则发展合作社联合社是一条重要的途径。通过联合社进行资源整合，形成规模经营优势，同时延伸和拓展合作社的服务领域和服务类型，最终实现农户成员增收，富阳山居农产品专业合作社联合社提供了一个成功的典型案例。

该联合社的功能主要体现在解决了单个合作社解决不了、解决不好、解决了不合算的问题。品牌经营是合作社开拓市场的重要途径，但是单个合作社受到地域范围内成员土地生产规模的限制，产品无法大批量的规模化生产，有了联合社的平台，将本地优质农产品生产者组织起来，实现了品牌的规模效应；品牌经营要有产品的标准化生产做支撑，单个合作社制定出规范的生产标准难以被其他同类农产品生产合作社，依靠联合社建立起的成员社纽带联系，则问题迎刃而解；财务管理不规范是当前合作社普遍面临的挑战，但是单个合作社存在聘不起专业财务人员或经济不合算的问题，联合社利用业务规模优势提供统一的财务服务，既保证了成员社的财务管理规范化，又帮助成员社降低了管理费用。并且可以借助各成员社资金流使用的时间差，开发成员资金互助业务，提高成员社流动资金的使用效率，避免单个合作社开展资金互助可能出现的产业系统风险，同时减少银、农的信息严重不对称问题，提高了银行对合作社的授信额度。

（苑鹏，中国社会科学院农村发展研究所农村经济组织与制度研究室主任、研究员）

安徽徽润农产品营销农民专业合作社联合社是 2011 年在全国较早通过工商登记的联合社，看了富阳山居联合社的案例，很多做法值得我们合作社共同学习，联合社解决了单个合作社解决不好或者解决不了的问题。他们联合起来实现了规范化生产，制定了统一标准，统一了产品品牌，解决了农产品的销路，让成员的产品卖上了高价，依靠联合发展的影响力，获得了农业部的项目资金 1 000 万元，存到银行作为担保基金，获得银行授信 1 亿元，解决了成员合作社的融资难。我们联合社 2013 年安徽涡阳的一个从事小麦加工的成员合作社，收购小麦急需资金，到了联合社两个小时就完成了 40 万元审批拨款手续，解了合作社的燃眉之急。联合社为成员合作社的发展发挥了很大的作用，让我们共同学习借鉴富阳山居联合社的经验，把我们的合作社办得更好。

（马文彬，安徽徽润农产品营销农民专业合作社联合社常务副理事长）

北菜园的电商求索路[①]

2011年4月，北京绿菜园蔬菜专业合作社牵头整合了延庆全县品种分散的农副产品资源，以销售为纽带，以质量为准入，以电商为途径，成立了北菜园农产品产销专业合作联合社（以下简称"北菜园联社"）。尽管北菜园在电商求索的道路上，面临技术、物流、人才、资金等诸多困局，但不可否认的是，在国家大力推进"互联网＋"战略的大背景下，北菜园联社的电商求索更具"先行者"的开拓价值，对农民合作社群体更好地大规模进驻电商领域意义非凡。

一、北菜园联社发展概况

火车跑得快，全靠车头带。北京绿菜园蔬菜专业合作社（以下简称"绿菜园合作社"）就是北菜园联社的火车头。绿菜园合作社的发展，得益于合作社所在的康庄镇小丰营村蔬菜产业的良好基础。该合作社主要以种植高品质的有机蔬菜为主，其产品主要以周末菜市场、农宅对接、网上订购等方式进行销售。

北京绿菜园蔬菜专业合作社成立于2007年7月，注册资产2 300万元，旗下有八达岭蔬菜市场、露地蔬菜基地、保护地蔬菜基地、农资门市部、资金互助会等多个附属机构，主要从事有机蔬菜和无公害蔬菜的种植、加工、销售、配送等业务。绿菜园合作社成立之初，就提出了"农业企业化"的管理思路，探索制定了新型的承包合同，合同实施三七分成的方式调整农业产业工人与合作社之间的利益分配，充分调动了工人的积极性，最大限度地发挥了合作社的职能。

绿菜园合作社有机蔬菜在整个生产过程中完全不使用农药、化肥、生长调节剂等化学物质，不使用转基因工程技术。在有机蔬菜施肥技术上，只使用有机肥。在病虫草害防治上，主要使用生物物理防治（性引诱剂、高压杀虫灯、黄板诱杀）、矿物质、植物药剂和人工除草等方法，达到消灭病虫害及杂草的

[①] 撰写人：于正

效果。绿菜园合作社有露地蔬菜 1 000 余亩、保护地蔬菜 500 亩，种植品种有甘蓝、西兰花、白菜、圆白菜、黄瓜、彩椒、西红柿、茄子等 50 余种蔬菜。为了提高产品竞争力，2007 年绿菜园合作社开始种植有机蔬菜，有机蔬菜生产要求严格，投入高，但无化学残留，口感佳，价格比普遍蔬菜平均高出 4 倍以上。2008 年、2009 年，绿菜园合作社取得了彩椒、西芹、西兰花等 9 个蔬菜品种的有机认证，到 2010 年年底，绿菜园合作社已经认证的品种包括茄果类、叶菜类、葱蒜类、根茎类等近 60 种，并在原有机认证 300 亩的基础上，新申报 160 亩。

绿菜园合作社曾被农业部评为"全国乡镇企业实施'走出去'战略先进企业"，被市农工委评为"京郊农民专业合作经济组织先进单位"和"农业标准化生产示范优秀单位"，被农业部管理干部学院农民合作社发展中心确定为"现场教学基地"。

由于绿菜园合作社销售的农产品只有蔬菜，类别比较单一，为了更好满足消费者的需要，2011 年年初，为了整合农业产业资源，加强农民专业合作社之间的联系，将农业产业做大做强，绿菜园合作社作为发起方，联合全县 12 个乡镇的 17 家农民专业合作社，组织成立了"北菜园联社"。2011 年底，北菜园联社注册了"北菜园"的商标，同时获得了进出口权。

二、北菜园联社电商求索历程

北菜园联社共有 17 家成员，涉及蔬菜种植、果品种植、中药材种植、畜禽养殖、农产品粗加工等行业。多家合作社整合以后，北菜园联合社有机蔬菜种植面积达到 3 000 亩，无公害蔬菜种植面积达到 1 万亩。北菜园联社在蔬菜营销方式上进行了新一轮的开拓和创新，试图借助互联网为高品质农产品销售找到一条适宜的发展道路。

（一）自建平台压力大

新组建的北菜园联社由赵玉忠担任理事长，他也是发起方绿菜园合作社的理事长。多家合作社整合以后，赵玉忠理事长也把先前"农宅对接"的探索实践带了过来，着手做了"三件事"。

第一件事：搭建网站，组建电销平台。依托北京市政府的项目扶持，北菜园联社搭建了"365 鲜"网站，取义"一年 365 天，新鲜果蔬送到家"，实现了有机农产品从地头到餐桌的安全一站式"产消"对接，实现了有机农产品卖出有机价格的同时，也满足了消费者对安全有机农产品的需求（图 1）。

图 1　北菜园联社开办的"365 鲜"网站

　　第二件事：**智能柜配送，方便快捷。**北菜园联社以北京中高档小区为试点，为有条件的小区安装了智能配送柜。消费者通过"365 鲜"网站订购所需农副产品，北菜园联社根据订单将消费者所订购的产品直接放到小区的智能柜中，在合作社工作人员完成产品配送后，系统会自动将取产品的开柜密码以短信的形式发送到消费者手机上，消费者根据收到的信息到相应的智能柜输入密码取产品，在消费者取菜之后关上智能柜门的同时，系统又会自动生成一条交易完成信息，并将这条交易完成信息反馈到"365 鲜"网站后台，网站运维人员确定消费者已经把产品取走，至此交易完成（图 2）。

　　第三件事：**配送承诺，取信消费者。**在配送的过程中，北菜园联社的工作人员发现，物流配送是一块薄弱环节：无法及时送达；在没有安装智能配送柜的小区，货品配送到客户家，客户却在上班；北京尾号限行对配送影响也不小……为了能让这一销售创新获取持久生命力，北菜园联社通过网站平台对外承诺：有机蔬菜从采收到送到智能柜或者消费者手中不超过 5 小时。北菜园每天早晨 8 点汇总前一天的订单并进行配菜、包装、打印开启智能柜的条形码，这个时间控制在 1.5 个小时之内，10 点之前工作人员必须由基地出发开始配送。如来以来，配送的"最后一公里"成为销售链条能否顺畅的关键。

　　除了物流配送的短板以外，赵玉忠理事长介绍，困难还不少，做大做强的压力也不小。网站的开发是一次投入，但运维却需要长期投入，北菜园联社发

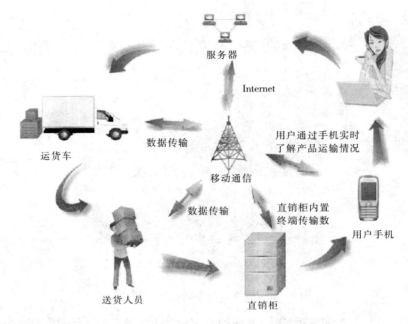

服务器

Internet

数据传输

运货车

移动通信

用户通过手机实时了解产品运输情况

数据传输

直销柜内置终端传输数

用户手机

送货人员

直销柜

图 2　北菜园联社产品宅配流程

展尚处于初创阶段，资金压力大；联社的成员大多是种植的好手，做销售也还凑合，可对电子商务的认知和驾驭就显得很乏力，专业人才匮乏；消费者对优质优价有机蔬菜等农副产品的认可度以及对电子商务消费习惯的熟识度等，都处于培育发展阶段。

（二）多方合作效益佳

自我发展困难不少，赵玉忠理事长就琢磨着带领北菜园联社寻求合作伙伴。主要在两个方面寻求突破：一个是网络运维，另一个是物流配送。

在网络运维方面，北菜园联社先前自己建设的"365鲜"网站，已经很难跟上日新月异的电子商务发展势头。随着淘宝、京东等大型电商平台开始大规模涉猎农产品生鲜市场，中粮我买网、本来生活网、沱沱社区等专门做生鲜农产品的垂直网站异军突起，这给实力不强的农民合作社带来不小冲击的同时，也为农民合作社提供了合作图强的机会。经过多方洽谈，北菜园联社先后与京合农品、顺丰优选、我买网、沱沱公社、京东商城等多家农产品电商签署合作协议，建立起较为完善的线上网络销售体系。

在物流配送方面，北菜园联社一方面与中国邮政合作，破解销售旺季及车辆限号当天配送车辆不足问题；另一方面与顺丰速递合作，借助顺丰速递已经建立起的较为完备的货品集散网络，破解配送的"最后一公里"难题。

（三）微信开启新篇章

就在赵玉忠理事长带领北菜园联社在农产品电商的路子上不断求索的过程中，微信的蓬勃发展为北菜园联社发展电子商务提供了绝佳的契机，原本一些想通过升级"365鲜"网站实现的功能，现在依托微信公众账号就可以轻松做到，而且依托腾讯的微信平台是免费的，省下不少开发费用，安全可靠、方便高效（图3）。通过多种渠道，2014年全年，北菜园联社各种农产品销售额突破3 000万元，电子商务销售量占比在40%左右。

网络销售的另一个好处在于，倒逼生产，提升计划性。在北菜园联社调研时，生产部主管王立敏说："把专业的事，交给专业的人来做，很有必要。最近几年，我们组织成员种菜都是根据销售部出具的种植计划，完全不用担心销售的问题，就专心种好棚里的菜，挺好的。"

图3 北菜园联社开办的微信公众号

三、北菜园联社助推电商求索的后方保障

浮出水面的冰山只是很小的一部分，更为庞大的冰山主体隐于水面之下。北菜园联社电商求索的历程，很好地印证了这一点。北菜园联社行稳致远的电商求索路，尽管艰辛但成效不断显现，这自然离不开北菜园联社围绕电商、服务电商所建立起的一整套从生产到加工、包装、销售等全系统有实效的管理体系。

（一）建立了"六统一"的管理模式

北菜园联社组建后，各成员社单独核算，实施"六统一"的经营管理模式，即：统一种植规划、统一育苗、统一农资供应、统一病虫防疫、统一技术指导、统一品牌销售，有效建立了一个从田间地头直通居民餐桌的全流程管理系统，真正做到了产品生产有保障、产品品质有保证、产品加工有标准、产品销售有市场，通过每一个环节的标准化管理，辅助二维码全程可追溯系统，有效确保了产品的高质量，为首都居民提供了门类多样的高品质农产品。

（二）推行了"三七开"的管理机制

"三七开"管理机制是北菜园联社理事长赵玉忠倡导，经过多年实践和摸索形成的有效管理机制，是将工业生产的成熟管理经验运用到农业生产的成功典范，是"六统一"管理模式实行的基础。该机制实行包产责任制，"承包户拿七，联合社占三"，成功建立了一个全新的、透明的、权责分明的分配管理机制，极大地调动了农户作业的积极性，在增加农户收入的同时，有效解决了农业规模化经营中较难建立科学管理机制的困局，成为北菜园联社可持续发展的基石。

（三）探索了"滚动生产"的轮作模式

在减少病虫害发生和解决农产品特别是蔬菜生产断档等方面的问题上，北菜园联社积极探索和成功推行了"滚动生产"的轮作模式，有效减少了病虫害的发生率，改变了蔬菜因季节变化和计划不合理导致的产品供应与市场需求不匹配问题，特别是在有机蔬菜生产方面，基本实现了北方地区各类蔬菜的全年供应，为北菜园联社开展线上销售与线下推广储备了优质货源。

（四）搭建了"物联互通"的信息平台

依托物联网技术，北菜园联社在主要生产区域安装了全天候视频监控和信息采集设备，实现了对园区生产中主要技术参数（如温度、湿度、病虫害等）的 24 小时自动化采集。如此一来，不仅能对蔬菜产品实时监控，而且还可以通过网络向消费者直播生长过程，既确保了食品安全，又拉近了消费者与产品的距离，增强了消费者对北菜园联社产品的信任，为后期产品上市储备了潜在客户。消费者通过网络购买到的北菜园联社产品都会附带二维码，只要用手机一扫，就可以全面呈现蔬菜的成长过程和主要参数，购物的内涵被最大化扩展，变得生动、有趣。

（五）坚守了"绿色防控"的安全准则

病虫害防治是有机蔬菜种植的关键环节。由于生物农药具有通杀性，在消灭害虫的同时也会将有益的虫体杀死。北菜园联社通过与中国农业科学院植物保护研究所、北京市农林科学院、北京市植保站、延庆县植物保护站等多家单位合作，采用世界范围内都较为先进的以虫治虫的防治方法，极大地减少了生物农药的使用量，有效保护了自然生态系统。现已成功实现了巴氏钝绥螨、瓢虫等多种天敌的工厂化生产，在蚜虫、蓟马、粉虱、叶螨等主要病虫害防治方面积累了大量的成功经验（图4）。

图4　北菜园联社推行生物防治

四、北菜园联社电商求索的初步成效

北菜园联社在探索中不断前行，依托电子商务开展销售创新，顺应了"互联网＋"的时代发展潮流，发展前景值得关注。

一是能够实现农产品生产者与最终消费者的直接交易。随着信息技术的发展，"互联网＋"正在使越来越多的行业实现了生产者与消费者的直接交易，北菜园联社的尝试顺应了这一时代潮流，依托网络技术和信息技术发展电子商务，开创了农产品"端到端"销售的交易模式，为生鲜农产品的销售开辟了新渠道。

二是能够保证蔬菜产品的质量，实现优质优价。高档优质蔬菜通常以超市销售为主，质优价高，常常出现因滞销而影响蔬菜品质，进而影响销量，如此恶性循环，导致优质蔬菜产销行业发展缓慢。而北菜园联社依托电子商务平台主推的"农宅对接"模式，创新性地提出了蔬菜"5小时配送"的新鲜度指标承诺，同时由北菜园联社组织人员完成配送，通过可追溯系统建立了"绿色履历"，确保农产品质量安全，有效弥补了超市销售优质蔬菜的不足，有望促进高档蔬菜种植产业的发展。

三是能够兼顾买卖双方利益，是一种共赢的产品经销模式。北菜园联社依托电子商务平台主推的"农宅对接"模式消除了农户和消费者间的层层中间商，大大节约了中间环节的交易成本，和过去批发给中间商的销售模式比，"农宅对接"成本降了一半左右。对市民来说，能买到品质上乘的高品质农产品了；对菜农来说，卖菜价更高了。买卖双方都可以得到实惠，两头都满意。

总的来看，合作社发展电子商务，能实现政府、农户与消费者三者的共赢。对政府而言，目前市场上存在着蔬菜生产经营主体人员构成混杂、流动性大、质量监控管理难、安全责任可追溯性差、食品安全性隐患大等问题。通过合作社规模化生产和网络化销售，能够调整蔬菜种植结构，实现蔬菜安全责任的可追溯，确保农产品质量安全；对农户而言，合作社通过发展电子商务，架起了生产者与消费者之间的直销渠道，取消了中间环节，减少了中间环节的利益分配，降低了营销成本，使生产者得到了更多的收益；对消费者而言，网络购买农产品使消费者足不出户就可以方便快捷地买到新鲜优质的农产品，价格还比零售市场同类产品要便宜，同时产品能够实现可追溯，质量有保证，使消费者买得放心、吃得舒心（图5）。

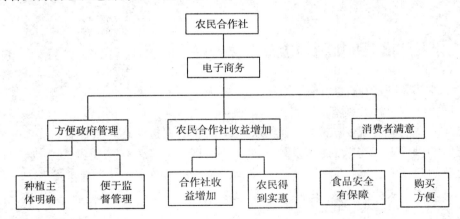

图5　农民合作社发展电子商务实现了多方共赢

五、几点启示

北菜园联社的电商求索路并不平坦，因为是先行者，地上的"路"还没完全成型，没有成功的经验可以借鉴，更面临物流短板、人才缺乏、资金不足等诸多困扰，但北菜园联社在农产品电子商务方面所作出的努力，能为后来者提供不少启示。

（一）学会打"组合拳"，谋求多方"共赢"

北菜园联社在发展电子商务的初期，是通过自己搭建网络平台，技术门槛偏高、运维成本不低等都束缚了北菜园联社继续前行的"手脚"。不久，北菜园联社调整了发展思路，通过与专业的第三方生鲜平台、专业的物流公司合作，打出一手漂亮的"组合拳"，扭转了局面，抢占了市场。

（二）学会融势发展，实现顺势图强

微信的蓬勃发展，为北菜园联社发展电子商务提供了很好的契机。智能手机不断普及，微信用户呈现爆炸式增长，移动支付异军突起，诸如此类，都是当前发展电子商务绕不开的大趋势。北菜园联社看到了这一趋势并敏锐地抓住了这一机遇，融势发展，顺势而为，不断实现发展壮大。徐此之外，国家的政策导向、物流体系的逐步成熟、专业人才的不断流入、金融服务创新介入，都是电子商务发展进程中，农民合作社应该看到且必须抓住的大趋势，这关乎长远，更关乎成败。

（三）先强"体魄"，再拓疆土

北菜园联社在电商方面积极探索，得益于自身管理规范、运转流畅、"体魄"强壮。北菜园联社以"三七开"分配管理机制为基石，以"六统一"经营管理方式确保农产品从生产到销售的高品质，通过推行"滚动生产"轮作模式实现农产品全年不断档均衡上市，使用物联网技术建立强大的温湿度数据采集平台，为生产提供可靠的数据参考，系统性地解决了有机蔬菜从种植到加工、包装、销售中存在的各类问题，为北菜园联社推进电子商务储备了充足的能量。

（四）通过网络，叫响属于合作社自己的品牌

北菜园联社组建以后，"北菜园"三个字就是 17 个成员单位对外的统一标识。联社也适时向工商部门申请注册了"北菜园"商标。北菜园联社所有在市场上销售的农产品，都打上"北菜园"商标，以多种形式、多种渠道、多种场合在消费者面前复现，强化消费者印象，更为关键的在于，北菜园联社对外销售的农产品都附带二维码，可追溯每一产品从田间到餐桌的全过程，确保每一位消费者看得到、认得出、记得住、称赞好。

（五）要守住食品安全这条底线

随着人们生活水平的不断提高，农产品质量安全受到越来越多人的关注。农民合作社作为一种新型组织形式正在蓬勃发展，有效实现了规模化生产、标准化种养、品牌化销售，是提供"安全、营养、绿色"农产品的一支有生力量。北菜园联社致力于种植高品质农产品，采用物理防治和生物防治相结合的病虫害防治技术，特别是北菜园联社采用的天敌病虫害防治技术为有机蔬菜种植保驾护航，而且通过产品包装附带的二维码实现全程可追溯，能切实保障农产品质量安全，为消费者提供信得过的放心农产品。

不容否认，农民合作社发展电子商务乃大势所趋，继李克强总理在 2015 年全国两会上首次提出制定"互联网＋"行动计划以来，各项利好政策纷纷出台，然而当下正处于事业爬坡上升期，面临诸多亟待攻克的现实难题，这需要全社会共同努力，齐心营造农民合作社发展电子商务的良好环境。

专家点评：

北菜园能够在电商兴起之时紧跟潮流，扩宽自己的销售网络和平台，不得不说是新型职业农民的学习榜样，他们看得远、抓得准、走得稳。然而成功需要成功的条件，我认为北菜园电商的成功，首先是电子商务大形势的形成和崛起，整个电商发展的大好形势为北菜园创造了良好的发展空间。其次，北菜园定位准确，由端到端的思路和运作模式很好地把健康的理念表现在自己的经营理念之中，走健康路线是准确地把握了消费者对健康追求和食品安全的需要。第三，上游优质资源的管控，北菜园通过认定和联合广大优质农产品的经营者，对源头优质农产品进行有效管控。第四，整合有质资源，北菜园与国内优秀电商平台、微商平台和成熟的物流公司，以及现代化的配送体系建设，利用互联网和移动互联网的手段，把优质农产品通过健康理念的传播，利用电商平台进行点对点沟通和销售，由成熟的配送公司完成转运，可以说是优加组合，这很大程度上保证了北菜园核心竞争优势和经营理念的充分表达。

对于电商平台而言，我认为首先它只是一个互联网（移动互联网）销售平台，它不但不能代替营销，而且它本身也需要营销。所以经典营销理论才是大家应该关注的重点，至于线上还是线下都是方法和手段的问题。其次就在同一电商平台而言，也不是所有的产品一样好卖，卖得好的都是营销策划做得好的，所以用电商来解决销售的难题本身就是一个伪命题。因为它只是让你多了一个平台而已。懂营销的线上线下一样卖得好，不懂营销的线下线上一样不好卖，所以电商平台可以利用，但不要迷信。最后建议大家多与优秀的电商平台合作而不是自己建设，社会分工就是专业的人来做专业的事，兵法讲：无所不备，无所不寡。其实我们做好自己最具优势的部分就可以了，剩下的要学会合作互利，就像北菜园一样，实现优加组合，共赢美好未来。

（张照新，农业部农村经济研究中心研究员）

建立农民专业合作社专门指导服务机构的探索与实践

——记北京市密云县农民专业合作社服务中心①

北京密云因水库而扬名。在农民合作社指导服务机构建设方面，密云县农民专业合作社服务中心的影响不亚于水库。作为全国第一家农民专业合作社的专门指导服务机构，农民专业合作社服务中心为当地农民专业合作社发展，提供注册登记、法律宣贯、政策宣传、市场营销、融资担保、农业担保、人才培养等全方位的服务，解决由于部门分割、行业分割、产销分割等，带来的政出多门、投资分散、服务低效的问题。中心的成立和运营是密云县委县政府践行政府管理体制改革理念，实现农业管理机构由行政管理转变为指导服务的有益探索。

一、背景

密云县农民专业合作经济组织的发展起步于20世纪80年代。当时的主要形式是依托县科协兴办农民专业技术协会，解决农民在调整传统生产结构、发展经济作物中遇到的新技术、新品种问题。自90年代后，专业合作组织开始兴起于农业生产流通领域，以缓解农产品卖难问题。这些专业合作组织在带动农户组织生产中迫切需要政策法规、合作知识、产品销售、融资贷款、人才培育等方面的帮助和支持。

2006年农民专业合作社法颁布，明确了政府部门指导服务扶持农民专业合作社建设发展的职责。但在实践中，涉及农民专业合作社工作的部门众多，各项政策措施由不同部门制定或实施，难以形成合力，影响了政府作用的发挥。

---

① 撰写人：李世武　于占海

对此，密云县委县政府在充分掌握本地农业农村经济基本情况，特别是合作社发展情况的基础上，对比实地考察的发达国家和地区的经验做法，决定走依托农民专业合作社，引导广大小农实现专业化、规模化、社会化生产经营的现代农业发展道路。县委县政府专门成立了由县委书记直接担任组长、主管县长任副组长的农民专业合作社工作领导小组，下设办公室，办公地点设在经管站，经管站为此成立了专业合作指导管理科，乡镇一级也设立了相应的组织机构。

但现实是当时密云县指导服务合作社的政府部门是经管站，专职人员 3 名，1 个副站长，2 个干事。他们面对的是全县几百家合作社，做好工作，压力可想而知。密云县委县政府深切感到现行体制无法全面实现政府部门对合作社的指导服务，仅在经管站设立专业科室没有能力协调工商、农业等有关部门开展工作，也难以开展融资、市场开发等服务。2008 年 6 月，密云县决定通过农口事业单位改革，把原来的农机中心、水产中心和种植中心三个单位，改组成农民专业合作社服务中心和农业服务中心两个单位，农民专业合作社服务中心职责是促进合作社发展，农业技术服务职能由农业服务中心承担。

二、做法

密云县农民专业合作社服务中心为县属局级事业单位，经费形式为全额拨款，归口县农工委管理。中心职责主要是研究拟定农民专业合作社发展规划，推进农民专业合作社组建和规范化运作，落实农民专业合作社扶持奖励政策，为农民专业合作社提供融资、人才、科技、信息、培训、保险等服务，协调解决农民专业合作社发展遇到的困难和问题。

（一）按照法律要求结合合作社发展需要，建立健全中心机构

按照法律"县级以上各级人民政府应当组织农业行政主管部门和其他有关部门及有关组织，依照本法规定，依据各自职责，对农民专业合作社的建设和发展给予指导、扶持和服务"的规定，密云县农民专业合作社服务中心确定了 51 个人员编制，设置 12 个部门，其中业务部门 10 个、管理部门 2 个。中心还负责管理密云县农业担保有限公司。部门设置及职责：

（1）办公室。负责会议、文件、接待、财务、车辆管理、安全生产、后勤保障等方面工作。

（2）政工科。负责党建、创建、精神文明建设，负责人事、劳资、社会保障、计划生育、档案管理等方面工作。

（3）政策法规科。负责为合作社提供政策法规的宣传、落实及合作社理论研究与实践等方面工作。

（4）市场开发部。负责指导基层合作社产品展示与销售、农产品商标注册；开展经贸洽谈和产品交易会、开拓国内外市场；组建农产品营销网络和农产品销售中心，搭建营销服务平台；为合作社提供市场开发服务。

（5）信息服务部。负责基层合作社各种信息的收集和录入并提供发布农资、农产品价格、销售、供求信息；本单位信息网站的管理与使用；基层合作社评比考核、典型材料搜集与整理。

（6）融资服务部。负责监督基层合作社贷款资金的使用、审核、投放及回收工作；负责合作社扶持资金的审计监督工作；负责合作社资金管理与服务；负责密云县贷款担保中心的全面工作；探索基层合作社的投资机制，同时积极开拓融资渠道。

（7）注册登记部。负责指导基层合作社组建、注册、年检工作并解决基层合作社组建过程中遇到的难题；监督检查基层合作社的"三会"执行情况；负责基层合作社材料、统计数字的收集、整理、存档与上报工作。

（8）指导管理部。负责指导基层合作社建立健全各项管理制度并负责监督落实；指导、规范、完善基层合作社的财务管理、盈余返还、监督检查；负责"两证、两册、两日"的执行情况；监督基层合作社产业化经营项目实施情况；帮助基层合作社完善营销与积累机制。

（9）人力资源部。负责对合作经济组织负责人和成员代表进行培训；负责基层合作社实用人才的引进与管理，组织指导合作社对成员的培训教育。

（10）保险服务部。负责组织开展农业政策性保险宣传；统计投保险种的规模、需求，协助保险公司依法开展承保工作；协调监督农业保险公司开展投保和理赔工作；对保险工作月报表进行核对、统计和分析。

由于业务需要，中心增设了旅游服务部、财务科。

（11）旅游服务部。负责指导旅游合作社建立健全各项管理制度并负责监督落实；负责指导、规范旅游合作社提取运行费和盈余返还等同时进行监督检查；负责完善旅游合作社积累机制；负责监督旅游合作社产业化项目的实施情况；负责旅游合作社资料的整理、汇总、存档、上报工作；负责协调解决旅游合作社发展中的困难和问题。

（12）财务科。负责宣传、执行国家有关财经管理的法律、法规、政策；负责中心财务审计和经济统计工作；负责中心各项经费管理及预决算；负责固定资产登记和管理工作；负责职工住房公积金审批、扣缴及提取工作；负责职工养老、医疗、失业保险的扣缴工作；负责财务档案的整理和保管。

随着合作社财务管理工作越来越重要，中心对指导管理部有关职责进行了调整，并分设了财务管理部和社账托管办公室。财务管理部主要负责合作社的财务管理和统计工作，指导合作社明晰产权，开展"两证"（成员证、股金证）、"两册"（成员名册及账户、合作社工作手册）发放和指导工作，组织开展合作社财务管理培训工作。社账托管办公室主要负责对托管的合作社财务进行会计核算，财务会计资料的归档保管；负责国家对合作社扶持资金的审核和审计工作。

（二）突出服务职能，为合作社发展提供切实有效的指导服务

（1）提供快捷便利的注册登记服务。为方便农民组建专业合作社，2009年中心与工商部门协商，成功搭建了农民专业合作社注册登记"绿色通道"服务平台，目前二级平台一律通过工商注册网进行合作社的申请申报，极大地降低了农民的登记成本，并解决了农民办社无摸不清头绪，往返路程远、次数多等困难。此外，中心还开展合作社注册登记代办业务，截至目前，由服务中心全程代办领取农民专业合作社法人营业执照的合作社超过100多家。

（2）制定促进合作社规范发展的规章制度。中心制定了《密云县农民专业合作社24项制度及办法》，详细阐述了农民专业合作社设立流程、登记注册、理事会选举办法、成员大会、理事会工作等各项制度和办法，引领和带动合作社规范化建设。24项制度以密农合24个文件形式下发，凡是到注册登记部来咨询组建合作社的农民，中心都会向他们宣传合作社的办社原则、宗旨和意义，并给每个新组建的专业合作社发放《密云县农民专业合作社24项制度及办法》，从源头上把好专业合作社的登记管理工作。针对目前全国层面没有统一规范的证书、手册这一情况，中心结合合作社的实际工作，为全县合作社统一制作了"两证、两册"，共合作社使用。

（3）搭建平台帮助合作社销售产品。自成立以来，中心本着引导不强迫、支持不包办、服务不干预的原则为合作社提供市场开发服务。一是抓产销对接。中心组织合作社与农产品销售公司签订产销协议，建立康顺达产销联盟和京密福润产销联盟，稳定了合作社产品销售渠道；与大型连锁超市对接，在超市设立密云农特产品专柜，扩大产品销量和影响力；与大型公司企业直接对接，为他们供应优质安全的农特产品。二是抓销售平台。2010年3月中心成立了北京密农农产品产销合作社，为合作社销售搭建了一个面向大众的公共服务平台。同年，在广州举办了"密云有机板栗推介会"，与5家采购商签订了6 000吨购销合同，并吸引了众多采购商来密云采购板栗。三是抓品牌创建。中心搭建了"一品密云"商务平台，是一个专为合作社服务的移动电子商务平

台。这个平台能够实现网上销售、产品认证、质量溯源，并包含了密云文化、旅游、产品等多重信息，为合作社产品走出去拓展了出路。

（4）提供全方位的信息服务。中心建设并维护政务网站，为合作社提供主要生产资料价格、农产品价格、政策法规等信息；依托移动信息平台为合作社做好信息发布工作，及时做好农信机信息平台手机号码更新工作，编辑整理农资、气象、科技、会议通知等信息，有效发挥了信息服务作用；依托"221"信息平台数据做好信息采集工作，对年度新增农民专业合作社进行填报，及时更新，确保合作社信息准确、及时；利用广播、电视、报刊、手机短信等大众媒体，以及举办讲座、组织送法下乡等活动，宣传与合作社有关的政策法规，宣传合作社的成功典型，增强农民合作意识，为农民专业合作社发展创造良好的舆论氛围。

（5）提供多渠道的融资服务。2008 年 12 月 27 日，北京密云农业担保有限公司成立以来，已同汇丰村镇银行、邮政储蓄银行、北京银行等多家金融机构开展合作，通过信用贷款，合作社＋成员联保贷款、担保贷款等方式，截至 2015 年 5 月底，担保公司累计完成担保额 3.71 亿元，累计已经放款 2.44 亿元，在保余额 1.45 亿元，有效解决了合作社资金难题。此外，中心同农业银行密云支行开展合作，为合作社量身订做了一款新的信贷产品，合作社联保贷款实行合作社申请，多社联保、责任连带，缓解了单个合作社贷款难题。中心还指导 13 家合作社的信用合作，截至 2015 年 5 月底，参加资金互助成员累计 1 760 人，信用合作总额 6 523 万元。

（6）开办多种类的政策性农业保险业务。中心通过实地调研、座谈研讨、宣传推广等形式，确保政策性农业保险在农民中家喻户晓；每年根据年度政策性保险实施方案，整理出与上年条款的对照表，供农户参照学习；以各乡镇为单位建立了政策性保险档案，归档材料包括乡镇申请表、明细表、批转单及每笔保单的复印件，做到数据准确无误。2015 年全县参保的险种共涉及北京市出台 21 个险种中的 17 个。截至 2014 年年底，承保涉及 17 个乡镇，216 个村，6 731 户，累计总保费 6 451 694 元。理赔涉及 2 106 户，共赔付资金 4 157 058 元，大大降低了合作社的经营风险，增强了农户抵御自然风险的能力。

（7）加强对合作社的财务管理与服务。中心设计财务管理的部门有财务科、财务服务部和社账托管办公室。财务科主要是负责中心自身的财务工作。财务服务部和社账托管办公室，主要是为了指导服务合作社做好财务管理工作。为防止财政项目资金真正发挥作用，中心将享受国家扶持资金、担保贷款的农民专业合作社实行账务托管，其余重点合作社的财务工作由财务服务部负责监督管理。

（8）开展多层次的人才培训。针对合作社农民整体素质不高，普遍缺乏懂技术、擅营销的专门人才等问题，2010年服务中心分行业举办各类培训班14期，对合作社理事长、乡镇专管员、财务人员等进行培训，参加培训1 500人次；为农民发放宣传资料2万余份。另外，还与县委组织部、人事局、妇联、社保局、科委、农口各单位、院校积极合作，为合作社培训人才，引进人才服务。

三、成效

密云县成立农民专业合作社服务中心，一方面建立健全了指导服务合作社发展的专门机构；另一方面中心的成立推动了政府行使职能方式的转变。

合作社发展有了专门的机构和队伍。农民专业合作社是独立的市场主体，也是重要的新型农业经营主体。在全国范围看，各地都把指导服务扶持农民专业合作社的职能放在农经管理部门。众所周知，农经管理部门业务多、任务重，在省一级农经管理部门都难以有1个专职的工作人员负责农民专业合作社业务，更谈不上专门的机构和人员。密云县农民专业合作社服务中心的组建成立，首次建立了区域性农民专业合作社指导服务及机构，并配备了雄厚的人才力量。根据合作社发展的实际需要，设置相关科室，在指导服务合作社发展的过程中，中心逐步搭建了市场营销服务、信息化服务、财务服务、农业保险服务、人才培训服务、注册登记绿色通道服务、指导管理服务、融资服务等八大服务平台体系。通过"八大服务平台"，有效解决了合作社登记管理、市场营销、经营管理等业务，促进了合作社的持续健康发展。

在政府行使职能方式转变方面做出了有益的探索。密云县农民专业合作社服务中心始终坚持农民专业合作社法提出的政府指导、扶持、服务的基本职能，在农业生产经营领域，由过去的"政府领导"变为"政府指导"、由"行政命令"变为"强化服务"，有效增进了各级干部与农民的感情，化解了许多矛盾，促进了农村和谐。首先，不同于政府一般等待式的服务方式，中心主动深入农村基层，宣传、推广合作理念，为农村合作事业的健康发展扫除障碍。同时，针对农民兴办合作社的难处，设身处地为他们着想，提供全面细致周到的指导服务。其次，合作社是农民自治的组织，政府无法对其进行行政命令，只能通过启发引导手段。对此，中心采取引导的方式，促进合作社规范化建设，保护社员利益。最后，与政府其他部门相比，中心的工作任务相对较重，对专业知识和能力水平要求较高。因此，中心在日常工作中特别注重培养成员的服务精神、合作精神，树立用合作理念指导合作社工作的思想。

四、启示

建立合作社指导服务机构是有条件的。合作社是农民群众的组织，受农民群体受教育水平的限制，政府部门必须给予必要而且有力的指导和服务，建立专门机构势在必行。什么时候建，如何建，建成什么样，各地要因地制宜、因势利导。当初建立服务中心，密云的四大班子成员并非意见一致，不少领导担心对合作社服务不好，却又增添管理负担。但党委政府将服务中心建立提到政府体制改革的战略高度，县委书记力排众议，将此提升到政府机构改革的高度，从而取得突破性的进展。这对其他地区有参考借鉴，建立合作社专门机构，前提是合作社要获得政府的认可，并且能够得到领导的高度重视。

合作社发展离不开有效地监管。农民专业合作社虽然只明确了政府部门指导服务扶持的职责，但合作社作为重要的新型农业经营主体，由于其登记门槛低，缺乏监管部门，从某种意义上讲，合作社这个名字很容易被其他利益团体假借，从而混杂合作社的队伍，因此合作社的规范发展离不开相关部门的有效监管。从密云县农民专业合作社服务中心近年来的业务工作来看，很明显的一个变化，就是中心采取各种方式，引导和规范合作社的发展。比如，针对合作社的财务管理不规范的问题，中心设立社长托管部，对获得财政扶持的合作社的财务实施代管；又比如，为了甄别规范的合作社，开展示范社建设行动，对合作社发展情况进行评定，把发展规范的合作社评定为示范社，并实行动态监测。

规范合作社发展需要专业的人员。合作社是一类独特的市场主体，与其他主体相比有着本质区别。为了保证农民专业合作社的市场主体的独立性，国家出台了农民专业合作社法、农民专业合作社登记管理条例、农民专业合作社示范章程、农民专业合作社财务会计制度（实行）等法律法规，对合作社的注册登记、治理机制、组织机构、财务管理等方面，做了详细而又明确的规定，这些知识的学习、宣传、运用等，都需要专业的人员。因此，指导服务合作社的发展，不仅仅是成立专门机构，更重要的是要有掌握专业知识的团队。此外，随着合作社实践的不断深化，实践活动在很多方面突破了现有的法律法规，如何去认识这些变化，更好地指导服务合作社，这也需要有专业的人才队伍。

要处理好政府与市场的关系。在指导服务合作社发展方面，密云县农民专业合作社服务中心做了大量卓有成效的工作。但我们也要看到，在工作中，哪些工作应该由中心来做，而哪些工作需要合作社自身完成，中心在这方面做了很好的示范。比如，中心始终把自己定位位服务合作社的角色，在指导服务中坚持搭建平台，做好协调员，具体业务工作完全交由合作社按照市场经济规律办事，做到了指导不干预、服务不包办。

专家点评：

在农民合作社发展进程中，政府部门如何合理合法、科学有效地指导、扶持和服务合作社的建设和发展，始终是一个重要的现实问题。一方面，合作社作为弱势群体的联合组织，十分需要政府热情的鼓励、科学的指导和有力的扶持；另一方面，合作社建设发展也需要一个较长过程，政府作为外部推动力要遵循规律、恰当作为。

在这方面，密云县农民专业合作社服务中心提供了有益且有效的探索，体现出显著的典型意义。简言之，该服务中心一是科学定位，二是建构平台，三是突出服务，四是适度规范，从而既促进了密云县农民合作社的快速健康发展，也推动了政府部门职能的有效转变。

进一步地看，这个案例的启示还在于：在合作社发展初期，政府对合作社进行种种"显性赋权"是必要的，也是合理的；但从长远来看，一旦合作社在"他赋权"过程中获得了自我发展的能力，也随着社会经济发展日益市场化、法制化和民主化，政府在合作社发展中所扮演的可能更多的是一种辅助性的、服务性的、监督性的顾问角色。目前，密云县农民专业合作社服务中心的设置和运营，在国内尚不多见，这也反映了该案例的示范性实践价值；从世界范围看，该服务中心则与一些欧美国家中农业合作社联盟在职能和运行上颇有几分相似；当然，该服务中心并非合作社联盟性质，而是政府服务机构。那么，今后是否有可能将该服务中心改造为密云县农民合作社联盟的执行机构呢？

（徐旭初，浙江大学中国农民合作组织研究中心教授）

图书在版编目（CIP）数据

农民合作社典型案例评析 / 农业部管理干部学院，中国农村合作经济管理学会编著 . —北京：中国农业出版社，2016.1（2017.10 重印）
ISBN 978-7-109-21321-0

Ⅰ. ①农… Ⅱ. ①农… ②中… Ⅲ. ①农业合作社-案例-中国 Ⅳ. ①F321.42

中国版本图书馆 CIP 数据核字（2015）第 304265 号

中国农业出版社出版
（北京市朝阳区麦子店街 18 号楼）
（邮政编码 100125）
责任编辑　张丽四

北京中兴印刷有限公司印刷　　新华书店北京发行所发行
2016 年 3 月第 1 版　　2017 年 10 月北京第 4 次印刷

开本：700mm×1000mm　1/16　印张：11.25
字数：202 千字
定价：30.00 元
（凡本版图书出现印刷、装订错误，请向出版社发行部调换）